Der Taschen-Reiseverführer

GLACIER EXPRESS

The Persuasive Pocket Guide

Der Taschen-Reiseverführer

GLACIER EXPRESS

The Persuasive Pocket Guide

DIETMAR & SILVIA BECKMANN · MIRKO MILOVANOVIC

GeraMond

Der Glacier Express (GEX) auf dem Landwasserviadukt

The Glacier Express (GEX) on the Landwasser Viaduct

INHALT

CONTENTS

Der GEX zwischen Trun und Disentis

The GEX between Trun and Disentis

EINLEITUNG

Der Glacier Express (im heutigen Kursbuch als GEX bezeichnet) feierte 2020 seinen 90. Geburtstag. Er wird von den Schweizern stets mit einem gewissen Stolz als der langsamste Schnellzug der Welt bezeichnet. Tatsächlich benötigt dieser Zug für die Tagesreise auf der ca. 290 km langen Strecke zwischen Zermatt im Wallis und St. Moritz in Graubünden knapp 8 Stunden. Das entspricht einer Durchschnittsgeschwindigkeit von immerhin 40 km/h, inklusive aller Aufenthalte in den Stationen. Dass in der heutigen zunehmend beschleunigten Gesellschaft ein Zug mit Langsamkeit beworben wird, erscheint anachronistisch, ist für den Glacier Express aber genau zutreffend. Der Großteil seiner Fahrgäste will überhaupt nicht so schnell wie möglich von einem Ort zum anderen befördert werden, sondern möchte ganz in Ruhe die Fahrt selbst genießen. Für sie ist der Spruch „Der Weg ist das Ziel“ der Grundsatz für einen erholsamen und dennoch interessanten Tag im Zug.
Aber die niedrige Geschwindigkeit ist nicht das alleinige Qualitätsmerkmal des Luxus-Zuges. Auch der für einen Schmalspurzug außergewöhnlich hohe Komfort und die großen Panoramafenster, durch die die Fahrgäste die vorüberziehende grandiose Bergwelt sowohl im Sommer als auch im Winter bequem von ihren Sitzen beobachten können, locken jährlich rund 240 Tausend Fahrgäste aus rund 50 Nationen der Welt an. Die vom Glacier Express befahrene Strecke mit 291 Brücken und 91 Tunneln durch die drei Schweizer Kantone Wallis, Uri und Graubünden ist sicherlich einzigartig. Deshalb ist nachvollziehbar, dass der GEX zu den „1000 places to see before you die“ im gleichnamigen Buch von Patricia Schultz zählt.
Vergleichen kann man das Innere eines Glacier-Express-Wagens mit dem langgestreckten Zuschauerraum eines 3D-Kinos, aus dessen Polstern die Gäste durch die großen Panoramafenster das dargebotene, recht abwechslungsreiche Programm verfolgen können. Im Gegensatz zu Kino und Theater gehören im Glacier Express Kulisse und Darsteller aber zur Realität und können in Echtzeit betrachtet werden. Wer diese Außenwelt nicht nur sehen, sondern auch hören, riechen und fühlen will, kann unter Komfortverzicht alternativ die abschnittsweise auf gleicher Strecke verkehrenden Regionalzüge benutzen, bei denen sich vielfach noch die Fenster öffnen lassen.
Die Landschaft ist sehr abwechslungsreich, zumal verschiedenste Landschafträume vom fast mediterranen Rhonetal bis zu baumlosen Hochgebirgsregionen durchfahren und zwei europäische Wasserscheiden überquert werden. Ein zu Beginn der Reise verschüttetes Glas Wasser gelangt über die

INTRODUCTION

The Glacier Express (referred to as GEX in today's course book) celebrated its 90th birthday in 2020. It is always described by the Swiss with certain pride as being the slowest express train in the world. In fact, this train needs just under 8 hours for a day trip on the approximately 290 km-long route between Zermatt in the Valais and St Moritz in Graubünden. This corresponds to an average speed of at least 40 km/h, including all stops at the stations. That in today's increasingly fast-paced society a train is advertised as slow seems anachronistic, but for the Glacier Express entirely appropriate. The majority of its passengers doesn't want to be transported from one place to another as quickly as possible but would rather enjoy the ride itself. For them, the saying "The journey is the reward" is the maxim of a restful and nevertheless interesting day on the train.

But its low speed is not the luxury train's only quality feature. The exceptionally high level of comfort for a narrow-gauge train and the large panoramic windows through which passengers can comfortably watch the passing glorious mountain scenery from their seats, both in summer and in winter, attract around 240,000 passengers from around 50 nations each year. The route used by the Glacier Express, with 291 bridges and 91 tunnels through the three Swiss cantons of Valais, Uri and Graubünden, is certainly unique. It is therefore understandable that the GEX is one of the "1000 places to see before you die" in Patricia Schultz's book of the same name.

Compare the interior of a Glacier Express carriage with the long-extended auditorium of a 3D cinema, from whose armchairs the guests can follow a quite varied programme presented through the large panoramic windows. But unlike cinemas and theatres, the scenery and actors in the Glacier Express are a part of reality and can be watched in real time. Those who not only want to see this outside world, but also want to hear, smell and feel it, can (with less comfort) use the regional trains that run on sections of the same route, whose windows can often still be opened.

The landscape is very varied, especially since a wide variety of landscapes ranging from the almost Mediterranean Rhone Valley to treeless high mountain regions are passed through and two European watersheds are crossed. A glass of water spilled at the beginning of the journey flows through the

Blick aus dem Panoramawagen auf den Oberalpsee
View from the panoramic carriage to the Oberalpsee

Rhône ins Mittelmeer, vergießt man es zwischen dem Furka- und dem Albulatunnel, nimmt es den Weg über den Rhein in die Nordsee und aus dem Engadin landet es über Inn und Donau im Schwarzen Meer.
Die Höhendifferenz zwischen den beiden Endbahnhöfen Zermatt (1605 m) und St. Moritz (1775 m) beträgt zwar nur 170 m, aber der Glacier Express muss unterwegs mehrfach deutlich höhere Pässe erklimmen und in viel tiefere Täler hinabsteigen. Im Laufe der Fahrt über die Gesamtstrecke überwindet der Zug in der Summe zusätzlich 5264 Höhenmeter, und zwar zur Hälfte abwärts und zur Hälfte aufwärts. In dieser Beziehung liegt er weltweit ganz vorne, sogar vor den Zügen der Andenbahnen und der Lhasa-Bahn.
Der vorliegende Reiseführer soll Sie auf Ihrer Fahrt im Glacier Express von Zermatt nach St. Moritz begleiten. Text und Fotos weisen Sie rechtzeitig auf aus dem Zug sichtbare Sehenswürdigkeiten, ungewöhnliche Ausblicke und bahntechnische Besonderheiten hin, damit Sie darauf stets vorbereitet sind und die entscheidenden Sekunden nicht verpassen. Die Angabe dieser Zeitpunkte erfolgt häufig mit Bezug auf den letzten planmäßigen Halt bei planmäßiger Fahrzeit. Durch betriebsbedingte Zwischenhalte – beispielsweise beim Warten auf einen verspäteten Gegenzug – kann sich die Fahrzeit verlängern, und die Sehenswürdigkeit würde dann entsprechend später am Zugfenster erscheinen. Allerdings sind Verspätungen auf der Route des Glacier Express genauso wie auf allen Bahnstrecken der Schweiz eine seltene Ausnahme.
Mit einem grauen Kasten im oberen Teil der Seite markiert sind die Texte zusätzlicher Empfehlungen für Ausflüge oder Stadtbesichtigungen entlang der Fahrtstrecke, die Sie vor, nach oder bei einer Unterbrechung der Reise mit dem Glacier Express unternehmen können.

Improvisierter Sonnenschutz mit Schirmen im Panoramawagen
Improvised protection from sun with umbrellas in the panoramic carriages

Rhône into the Mediterranean Sea; poured between the Furka and Albula tunnels, it makes its way across the Rhine to the North Sea, and out of the Engadine, it reaches the Black Sea via the Inn and Danube.

The difference in altitude between the two terminus stations Zermatt (1605 m) and St Moritz (1775 m) is only 170 m, but the Glacier Express has to climb much higher passes on its way and has to descend into much deeper valleys. Over the entire course of the journey, the train overcomes an additional 5264 metres in total: half downwards and half upwards. In this respect, it is at the very top of the world, even in front of the trains in the Andes and the Lhasa Railway.

This guide will accompany you on your journey on the Glacier Express from Zermatt to St Moritz. Text and photos show you, at the right time, landmarks, unusual views and special railway technical features visible from the train, so that you are always prepared and do not miss out on the decisive seconds. The information on these points in time is often stated in reference to the last scheduled stop with the scheduled travel time. Due to operational intermediate stops; for example, waiting for a delayed train in the opposite direction, the travel time may be extended, and the attraction would accordingly then appear later at the train window. However, delays on the Glacier Express' route as well as on all railway lines in Switzerland are a rare exception.

A blue box in the upper right corner of the page marks texts of additional recommendations for trips or city tours along the route, which you can undertake before, after or during a break of the journey on the Glacier Express.

Das
ZUGANGEBOT

Zwei Bahngesellschaften sind für die Betriebsführung des Zuges verantwortlich. Auf der westlichen Hälfte der Fahrtstrecke zwischen Zermatt und Disentis werden vom Glacier Express die Gleise der Matterhorn Gotthard Bahn (MGB) mit ihren steilen Zahnstangenabschnitten befahren. Auf der östlichen Hälfte zwischen Disentis und St. Moritz nutzt der Zug einen Teil des Netzes der Rhätischen Bahn (RhB), auf dem wegen des reinen Adhäsionsbetriebes die Strecken nicht so steil sind. Die nicht minder großen Höhenunterschiede werden mit Kehrschleifen und zahlreichen Kehrtunneln überwunden werden. Beide Varianten der Trassierung von Bahnstrecken im Hochgebirge haben ihren besonderen Reiz.
Seit der Eröffnung des Furkatunnels im Jahre 1982 verkehrt der Glacier Express fast ganzjährig mit einer kurzen Pause von Mitte Oktober bis zur zweiten Dezemberwoche. Obwohl gerade der Winter in der schneereichen Bergwelt seine besonderen Reize hat, reicht bis Mitte April je ein täglicher Zug pro Fahrtrichtung. Diese Stammzüge mit den Abfahrtszeiten 8:52 Uhr in Zermatt und 8:51 Uhr in St. Moritz führen seit März 2019 erstmals neben der ersten und der zweiten Klasse einen Wagen der „Excellence Class“ für die besonders anspruchsvolle Kundschaft mit. Die beiden Züge begegnen sich mittags um 12:45 Uhr in dem kleinen Bahnhof Mumpé-Tujetsch. Ab Mitte April folgt beiden Zügen jeweils ein weiterer Glacier Express im Abstand von etwa einer Stunde. Da selbst die Gäste aus fernen Ländern inzwischen ein dichtes Besuchsprogramm und zu wenig Zeit für eine Fahrt über die Gesamtstrecke

Indische Fahrgäste freuen sich vor der Hochgebirgskulisse auf ihr Essen.
Indian passengers are looking forward to their meal in front of the high mountain scenery.

The TRAINS

Two railway companies are responsible for operating the train. On the western half of the route between Zermatt and Disentis, the Glacier Express travels along Matterhorn Gotthard Bahn (MGB) tracks with their steep rack sections. On the eastern half between Disentis and St Moritz, the train uses part of the Rhätische Bahn's (RhB, Rhaetian Railway) network, where the routes are not so steep due to pure adhesion operation. The no less large differences in altitude are mastered with reverse loops and numerous spiral tunnels. Both variants of the routing of railway lines in the high mountains have their own special charm.

Since the Furka Tunnel was opened in 1982, the Glacier Express operates almost year-round with a short break between mid-October and the second week of December. Although winter in the snowy mountains has its special charms, having one daily train in each direction of travel until mid-April is enough. Starting in March 2019, these main trains, departing from Zermatt at 8:52 a.m. and from St Moritz at 8:51 a.m., have, in addition to first and second class, for the first time an "Excellence Class" coach for particularly demanding customers. The two trains meet at the small station Mumpé-Tujetsch at 12:45 p.m. From mid-April on, each of the trains will be followed by another Glacier Express at nearly one-hour intervals. Since even passengers from far-off countries now have a packed itinerary and too little time for a trip over the entire route, starting in mid-May, Glacier Express trains

Nahe der Station Nätschen oberhalb der Baumgrenze sorgen Blumenwiesen für eine besonders schöne Vegetation.
Near the station Nätschen above the tree line flower meadows provide a particularly beautiful vegetation.

haben, verkehren ab Mitte Mai Glacier-Express-Züge auf Teilstrecken, die es ausdauernden Bahnfahrern sogar ermöglichen, eine Hin-und Rückfahrt über einen Großteil der Gesamtstrecke an einem Tag durchzuführen. So verkehrt ein Zug für Frühaufsteher bereits um 7:02 Uhr ab St. Moritz bis Brig, der von dort nach einem halbstündigen Aufenthalt wieder zurückfährt (St. Moritz an 20:58 Uhr). Dieser Zug wird 2024 allerdings auf den Abschnitt Chur – Brig begrenzt. Nicht 14, sondern „nur“ 12 Stunden unterwegs ist der auf die Teilstrecke Zermatt – Chur – Zermatt beschränkte Glacier Express mit einem fast einstündigen Aufenthalt in der Hauptstadt Graubündens. Dieses recht dichte Angebot mit drei, zwischen Brig und Chur sogar vier Zugpaaren pro Tag im Sommer ermöglicht Fahrgästen, die für eine ganztägige entschleunigte Reise keine Lust haben oder unterwegs eine Pause einlegen möchten, Fahrkarten für Teilstrecken zu lösen. Das beliebige Ein- und Aussteigen ist inzwischen mit Ausnahme der Zwischenhalte auf der Albulabahn an allen planmäßigen Haltestationen möglich: In Tiefencastel, Filisur und Samedan darf man in Züge Richtung St. Moritz nicht einsteigen und in der Gegenrichtung nicht aussteigen, um eine Belegung der Plätze für Kurzstrecken zu vermeiden.

Neben diesen regelmäßig verkehrenden Glacier-Express-Zügen gibt es noch Sonderzüge, teilweise mit historischen Wagen oder mit Laufweg über die Furka-Bergstrecke.

Zwischen Realp und Andermatt fährt der GEX durch ein lawinengefährdetes Gebiet.
Between Realp and Andermatt, the GEX drives through an avalanche-prone area.

Im Bereich des Oberalppasses scheint in den Tälern häufig die Sonne, während die Berge in Wolken gehüllt sind.
In the area of the Oberalppass the sun is often shining in the valleys, while the mountains are shrouded in clouds.

will operate on sections that allow even perennial train passengers to do a round trip along a large part of the entire route to complete it in one day. Thus, a train for early risers runs at 7:02 a.m. from St Moritz to Brig, returning there after a half-hour stay (back in St Moritz at 8:58 p.m.). However, this train will be limited to the Chur-Brig section in 2024. The Glacier Express limited to the Zermatt–Chur–Zermatt route, with a stop of almost one hour in the capital of Graubünden, takes not 14 but "only" 12 hours. This rather compact range of three (and between Brig and Chur up to four pairs of trains) per day in the summer allows passengers who are not keen on spending a full day on a leisurely journey or who want to take a break on the way to buy tickets for sections. The arbitrary getting on and off is thereby possible with the exception of intermediate stops on the Albula Line at all scheduled stops: in Tiefencastel, Filisur and Samedan, you are not allowed to get on trains in the direction of St Moritz and in the opposite direction, you are not allowed to get off, to avoid seats being occupied for short distances.

In addition to these regularly operating Glacier Express trains, there are special trains, some with historic carriages or that run along the Furka mountain route.

Die ZUGKOMPOSITION

Der Glacier Express besteht in der Regel aus sechs komfortablen, in den Schweizer Nationalfarben lackierten Panoramawagen mit dem Schweizer Kreuz an den Übergängen. Bei der Abfahrt in Zermatt befinden sich vorne hinter der Lok die drei Wagen der zweiten Klasse. Die Inneneinrichtung besteht entsprechend der Fensterteilung aus 12 Tischen mit jeweils 4 Sitzplätzen. Jeder Wagen bietet somit 48 Sitzplätze, die Hälfte davon am Fenster. In den beiden Wagen der ersten Klasse im hinteren Zugteil sind die Sitze breiter, so dass auf einer Wagenseite die Tische mit nur zwei Sitzplätzen ausgestattet sind. Hier haben von den 36 Fahrgästen pro Wagen 24 einen Fensterplatz. Zwischen den beiden Wagenklassen befindet sich der vollständig rot lackierte Servicewagen, in dem hinter den schmalen Fenstern die hochwertigen, zum Teil frisch zubereiteten Speisen für die Bedienung am Platz bereitgestellt werden. Die glatten Seitenwände bieten Platz für das großformatige Logo des Glacier Express. In einem Drittel dieses Wagens ist die Panoramabar platziert. Sie ist ein beliebter Treffpunkt für Fahrgäste, die sich mit Mitreisenden aus anderen Ländern der Welt und aus ganz anderen Kulturkreisen austauschen möchten oder einfach nur Souvenirs und Geschenke kaufen wollen.

Die Richlerenbrücke führt zwischen Realp und Hospental über die Furkareuss.

The
TRAIN'S COMPOSITION

The Glacier Express usually consists of six comfortable panoramic carriages. At departure from Zermatt, the three second class carriages are behind the engine. The interior consists of 12 tables, each with 4 seats, corresponding to the window arrangement. Each carriage thus provides 48 seats, half of them by the windows. In the two first class carriages in the back of the train, the seats are wider, so that on one side of the carriage, the tables are equipped with only two seats. Here, 24 out of the 36 passengers in each carriage have a window seat.

Between the two classes, there is the service carriage, painted completely red, where behind narrow windows, high-quality, partly freshly prepared food is provided and served directly at your seat. The smooth side walls provide space for the Glacier Express' large-format logo. The Panorama Bar occupies one third of this carriage. It is a popular meeting place for passengers who want to communicate with fellow travellers from other countries around the world and from completely different cultures, or who simply want to buy souvenirs and gifts.

As of 2nd March 2019, a very comfortable panorama carriage has been added to the two main trains. To be allowed to sit here, the passenger not only has

The Richlerenbrücke leads between Realp and Hospental over the Furkareuss.

Grandioser Ausblick durch die Panoramafenster
Grandiose view through the panoramic windows

Seit dem 2.3.2019 ist in den beiden Stammzügen ein besonders komfortabler Panoramawagen eingereiht. Um hier Platz nehmen zu dürfen, muss der Fahrgast nicht nur die 1. Klasse buchen, sondern zudem einen Zuschlag von 470 Schweizer Franken für die Excellence Class entrichten. Als Gegenleistung bietet der Wagen 10 Tische mit jeweils zwei elektrisch verstellbaren Borcad-Sesseln an, an denen mittags von einem Butler ein 5-Gänge-Menü mit Weinbegleitung serviert und am Nachmittag die Tea Time stilvoll genossen werden kann. An einem Ende des Wagens befindet sich kein Wagenübergang, sondern über die gesamte Breite die Glacierbar, die exklusiv den Fahrgästen der „Excellence Class" vorbehalten ist und an der man Champagner schlürfen kann. An ihrer Decke ist ein riesiger Kompass installiert, der insbesondere in den Spiraltunneln zum Amüsement der Fahrgäste beiträgt. Bespannt wird der Glacier Express auf dem Streckenabschnitt der Matterhorn Gotthard Bahn (MGB) zwischen Zermatt und Disentis von den 1985 bis 1990 abgelieferten Loks der Serie HGe $4/4^{II}$ für gemischten Adhäsions- und Zahnradbetrieb. Die 13 Exemplare ziehen nicht nur den Glacier Express, sondern auch andere Reisezüge und sogar Güterzüge über die Schmalspurgleise der MGB. Die Bezeichnung HGe $4/4^{II}$ verrät viel über die Technik der Lokomotive:

H: Zahnradantrieb
G: _ Schmalspur
e: _ elektrischer Antrieb
4/4: 4 angetriebene Achsen von insgesamt 4 Achsen
II: römische 2, die besagt, dass es sich um die zweite Loktype dieser Bauart handelt

Es geht im Zahnradbetrieb stetig bergauf zum Oberalppass.
It goes steadily uphill in cogwheel operation to the Oberalp Pass.

to book first class, but also pay a supplement for Excellence Class of 470 Swiss francs. In return, the carriage offers 10 tables, each with two electrically adjustable Borcad armchairs, at which a butler offers a 5-course lunch menu with wine and in the afternoon, tea time can be enjoyed in style. There is no gangway at the end of the carriage; instead, across the entire width there is the Glacier Bar, which is reserved exclusively for "Excellence Class" passengers, where one can sip champagne. On its ceiling, a huge compass is installed, which contributes to the passengers' amusement, especially in the spiral tunnels.

The Glacier Express is pulled on the section of the Matterhorn Gotthard Bahn (MGB) between Zermatt and Disentis by engines of the HGe $4/4^{II}$ series for mixed adhesion and rack operation, which were delivered between 1985 and 1990. The 13 units not only pull the Glacier Express, but also other passenger trains and even freight trains along the MGB narrow-gauge track. The type designation HGe $4\ /4^{II}$ reveals a lot about the engine's technology:

H: gear drive
G: _ narrow gauge
e: _ electric drive
4/4: 4 driven axles out of a total of 4 axles
II: Roman numeral indicating that this is the second engine type of this model

Auf dem Netz der RhB werden häufig noch die recht betagten Loks der Serie Ge 4/4^{II} vor den Glacier Express gespannt. Die 10 ältesten von Ihnen wurden bereits im Jahre 1973 gebaut, 13 Schwestermaschinen sind rund 11 Jahre jünger. Alle Exemplare tragen noch stolz das Wappen von Graubünden mit dem Steinbock als Wappentier an der Lokfront. Vielfach erscheinen aber auch deren Nachfolger Ge 4/4^{III} aus den 1990er Jahren an der Zugspitze. Der auf den Laufweg St. Moritz – Brig und zurück beschränkte Glacier Express wird am frühen Morgen und späten Abend auf der Albulabahn an den planmäßigen InterRegio angehängt, der von einer Ge 4/4^{III} oder einem hoch modernen dreiteiligen Triebwagen des Typs „Allegra“ gezogen wird. Allegra ist nicht nur ein weiblicher Vorname, sondern auch ein rätoromanischer Gruß („Freue Dich!“) vom Vormittag bis zum Nachmittag.

Technische Daten der Lokomotiven **Technical data of the engines**

Bahngesellschaft	MGB	RhB
Typ	HGe 4/4^{II}	Ge 4/4^{II}
Anzahl Lokomotiven	13	23
Hersteller	BBC, ABB, SLM	SLM
Indienststellung	1986 1989–1990	1973/1984
Spurweite	1000 mm	1000 mm
Achsformel	Bo'Bo'	Bo'Bo'
Dienstmasse	64 t	50 t
Länge über Puffer	14,80 m	12,94 m
Höchstgeschwindigkeit Adhäsion	100 km/h	90 km/h
Höchstgeschwindigkeit Zahnrad	40 km/h	--
Anzahl der Motoren	4	4
Stundenleistung	1932 kW	1700 kW
Dauerleistung	1875 kW	1400 kW
Anzahl Sitzplätze	--	--
Teilstrecke	Zermatt-Disentis	Disentis-St.Moritz

On the RhB network, the rather old engines of the Ge $4/4^{II}$ series will be still frequently used in front of the Glacier Express. The 10 oldest of them were built in 1973; 13 sister machines are about 11 years younger. All units proudly bear the coat of arms of Graubünden (Grison) with the ibex as the heraldic animal on the front of the loco. Many times, however, their successor, Ge $4/4^{III}$ from the 1990s, appears on the front of the train. The Glacier Express, which is limited to the St Moritz–Brig section and back, is coupled to the scheduled InterRegio on the Albula Line in the early morning and late evening, which is pulled by a Ge $4/4^{III}$ or a highly modern three-part railway carriage of the type "Allegra". Allegra is not only a female first name, but also a Romansh greeting ("be pleased!") used from morning to afternoon.

		Railway company
Ge $4/4^{III}$	ABe 8/12 „Allegra"	Type
12	15	Number of units
SLM/ABB Adtranz	Stadler Rail	Builder
1993/94/99	Ab/since 2010	Build date
1000 mm	1000 mm	Gauge
Bo'Bo'	Bo'Bo'+2'2'+Bo'Bo'	Configuration
62 t	122 t	Weight
16,00 m	49,50 m	Total length
100 km/h	100 km/h	Maximum speed Adhesion
--	--	Maximum speed Cogwheel
4	8	Number of motors
3100 kW	2800 kW	Hourly power
2400 kW	2320 kW	Continuous power
--	100	Number of seats
St.Moritz-Chur	Chur-St.Moritz	Route section

Zermatt am Fuße des **MATTERHORNS**

Das Bergsteigerdorf Zermatt (1620 m) ist weltbekannt durch seine Lage am Fuße des Matterhorns (4478 m), des Berges der Berge schlechthin. Das Matterhorn, von der Zermatter Bevölkerung „Ds Hore“ oder „Ds Horu“ genannt, ist zwar nur der fünfthöchste Berg der Schweiz und nur der siebthöchste Gipfel der Alpen, aufgrund seiner hakenartigen Pyramidenform auf einem 2000 m hohen Plateau und seiner freistehenden Lage jedoch der ungewöhnlichste Berg und eine Herausforderung für jeden Bergsteiger.
Die ursprüngliche römische Siedlung Pratobornum (Matte im Quellgebiet bzw. in den Grenzmarken) lag in der Nähe zum Theodulpass, über den schon die Römer ihren Süd-Nord-Handel betrieben. In die Dorfgemeinschaft von 100 Familien des seit 1495 umbenannten zer Matt (zur Wiese) wurde im 17. Jahrhundert nur der Gomser Hotelier Seiler aufgenommen. Im 19. Jahrhundert kamen erste Bergsteiger nach Zermatt. Allgemein bekannt wurde das Matterhorn jedoch erst 1849 durch den englischen Maler John Ruskin. 1838 eröffnete der Arzt Josef Lauber das erste Gasthaus Mont Cervie mit 3 Gästebetten.

Ein morgendlicher Blick auf das über Zermatt thronende Matterhorn
A morning view of the Matterhorn towering above Zermatt

Zermatt at the foot of the **MATTERHORN**

The mountaineering village Zermatt (1620 m) is world-famous for its location at the foot of the Matterhorn (Mont Cervin, 4478 m), the mountain of mountains par excellence. The Matterhorn, called "Ds Hore" or "Ds Horu" by the inhabitants of Zermatt, is indeed only the fifth highest mountain in Switzerland and only the seventh highest peak in the Alps, but due to its hooked pyramidal shape on a 2000 m-high plateau and its free-standing position, still the most extraordinary mountain and a challenge for any mountaineer.
The original Roman settlement of Pratobornum (meadow in the headwaters or in the border marches) was close to the Theodul Pass, over which the Romans operated their south-north trade. In the 17th century, only the Hotelier Seiler of Goms was admitted to join the village community of 100 families in the town that has been renamed zer Matt (on meadow) since 1495. In the 19th century, the first climbers came to Zermatt. However, the Matterhorn became generally known only in 1849 through the English painter John Ruskin. In 1838, the doctor Josef Lauber opened the first inn, Mont Cervie, with 3 guest beds.

Einkehr auf der Tufternalp im Sunnegga Skigebiet
Stop on the Tufternalp in skiing area Sunnegga

Zauberhaft verschneites Zermatt

Zwischen 1850 und 1860 wurde die Straße zwischen St. Niklaus und Zermatt für Postkutschen ausgebaut. Angetrieben durch den beginnenden Alpinismus errichtete Alexander Seiler 1855 das erste Hotel Monte Rosa, zunächst allerdings nur für die Sommersaison. 1858 wurde ein Bergführerverein gegründet.

Am 14.7.1865 erfolgte die Erstbesteigung des Matterhorns durch eine 7-köpfige Seilschaft unter der Leitung des Engländers Edward Whymper, welche den Gipfel drei Tage vor einer anderen Seilschaft erreichte. Der Abstieg endete für vier Bergsteiger aber tödlich, nachdem einer von ihnen ausgeglitten war und drei weitere mitgerissen hatte. Nur durch das Reißen des Seils

Enchantingly snow-covered Zermatt

Between 1850 and 1860, the road between St Niklaus and Zermatt was expanded for stagecoaches. Driven by the beginning of alpinism, Alexander Seiler built the first Hotel Monte Rosa in 1855, but initially only for the summer season. In 1858, a mountain guide association was founded.

On 14th July 1865, the first ascent of the Matterhorn took place by a 7-headed rope team under the direction of the Englishman Edward Whymper, who reached the summit three days before another rope team. However, the descent ended in the death of four mountaineers after one of them slipped, dragging three others down with him. Only by the tearing of the rope

wurden Whymper sowie Vater und Sohn Taugwalder, zwei Zermatter Bergführer, vor dem Tod gerettet. Das gerissene Seil kann heute im Matterhorn Museum Zermatlantis besichtigt werden. In dessen unterirdischer Museumswelt befindet sich darüber hinaus ein dem ehemaligen Dorfplatz nachgebildeter Museumsdorfplatz mit begehbaren Gebäuden, in denen die Geschichte Zermatts und des Horu wie seine dramatische Erstbesteigung anschaulich nacherzählt werden. Die Gräber der verunglückten Erstbesteiger liegen auf einem Friedhof auf einer Halbinsel zwischen Vispa und Triftbach.

An der Fassade des Hotels Monte Rosa, in dem schon Edward Whymper logierte, können Sie eine ihm gewidmete Gedenktafel finden.

Die Eisenbahnstrecke von Visp nach Zermatt wurde nach nur zweieinhalb Jahren Bauzeit im Jahre 1891 eröffnet. Die Eisenbahningenieure hatten mit großer Voraussicht verstanden, dass die Landbevölkerung des Mattertals ihren Lebensunterhalt auch anderweitig verdienen musste: Die bis dahin von der Außenwelt abgeschnittenen, von ihrem Land lebenden Bewohner mussten sich auf den Tourismus umorientieren, um ihre Familien zu ernähren. Die neue Bahnverbindung brachte den Menschen aus dem Mattertal mit den Touristen einen neuen Wirtschaftszweig und Wohlstand.

Unterstützt wurde der Aufbau des Tourismus durch die 1895 in Betrieb genommene Gornergratbahn.

Beide Bahnen wurden zunächst nur im Sommer befahren.

Nachdem Hermann Seiler 1902 den ersten Skikurs der Schweiz angeboten und Ende 1928 sogar seine englischen Stammgäste zum Winterurlaub eingeladen hatte, wurde Zermatt jedoch immer mehr für Wintertouristen attraktiv. Die Visp-Zermatt-Bahn fuhr deshalb 1928 erstmals auch im Winter.

Heutzutage ist Zermatt der südlichste Sommer- und Wintersportort der Schweiz. Im Sommer locken 400 km Spazier- und Wanderwege sowie ein Sommerskigebiet, im Winter 360 km Skipisten und 30 km Wanderwege.

Matterhörnli aus der Bäckerei Fuchs
Matterhörnli from the bakery Fuchs

Whymper, as well as father and son Taugwalder, two Zermatt mountain guides, were saved from death. The torn rope can now be seen in the Matterhorn Museum Zermatlantis. In the subterranean museum world there is also a museum village square reproduced from the former village square with walk-in buildings, in which the history of Zermatt and the Horu, as well as its dramatic first ascent, are clearly retold. The graves of the casualties of the first climb lie in a cemetery on a peninsula between Vispa and Triftbach.

On the façade of the previously mentioned Hotel Monte Rosa, where Edward Whymper stayed, you can find a commemorative plaque dedicated to him.

The railway line from Visp to Zermatt was opened in 1891 after only two and a half years of construction. The railway engineers had recognised with great foresight that the rural population of the Matter Valley had to earn their living elsewhere: the country dwellers living off the land, until then cut off from the outside world, had to reorientate themselves towards tourism to sustain their families. The new rail connection brought with the tourists a new economic branch and prosperity to the people of the Matter Valley.

The development of tourism was supported by the Gornergratbahn, which went into operation in 1895.

Both lines were initially only used in the summer.

After Hermann Seiler had offered the first ski course in Switzerland in 1902 and even invited his regular English guests for winter holidays at the end of 1928, Zermatt became more and more attractive to winter tourists. The Visp–Zermatt Railway was thus operated for the first time in 1928 also during the winter.

Nowadays, Zermatt is the southernmost summer and winter sports resort in Switzerland. In the summer, there are 400 km of walking and hiking trails and a summer skiing area; in the winter, 360 km of ski slopes and 30 km of hiking trails.

Zermatter Bergkäse (oben) und Zermatter Kräuterkäse (unten) aus der Horu-Käserei
Zermatt mountain cheese (above) and Zermatt herb cheese (below) from Horu cheese dairy

Hotelgäste auf dem grünen Außenareal des Zermatterhofs
Hotel guests on the green outdoor area of the Zermatterhof

Schon auf der 600 m langen Bahnhofstraße im Zentrum registriert man positiv, dass im ganzen autofreien Zermatt nur Elektrofahrzeuge, Pferdekutschen und –schlitten fahren dürfen. Durch das Zentrum fließt die Mattervispa. Der ursprüngliche Dorfcharakter ist noch am ehesten auf dem Marktplatz oder an der englischen Kirche und angeschlossenem Friedhof mit vielen Bergsteigergräbern nachzuempfinden.
Seit 2009 fährt die Gondelbahn Matterhorn-Express von Zermatt über Furi zum Schwarzsee mit Blick auf das Schwarzsee paradise und weiter über Furgg bis Trockener Steg. Vom Schwarzsee (2583 m) über Staffel und Staffelalp steigen geübte Bergsteiger über den Hörnliweg bis zur Hörnlihütte (3260 m) zum Base Camp Matterhorn auf, um – teilweise nach dem Besuch der Bergführerkapelle Maria zum See – den Gipfel des Matterhorns zu erklimmen. Der Plan der Schweizer Ingenieure Henri Golliez und Xavier Imfeld von einer Matterhornbahn aus dem Jahre 1906, wodurch jedermann den Gipfel des Berges hätte erreichen können, wurde abgelehnt. So bleibt der Zugang zum Gipfel nur den Bergsteigern vorbehalten. Der Bergführer Ulrich Inderbinen (1900–2004) bestieg das Matterhorn, zuletzt 90-jährig, insgesamt 371 Mal.
Viele Touristen fahren mit der höchsten 3S-Bahn der Welt, dem Matterhorn Glacier Ride, in 9 Minuten vom Trockenen Steg (2939 m) zum Klein Matterhorn (3820 m), in dessen Innerem ein Aufzug zum Gipfel führt. Dort befindet sich auf 3883 m der höchste mit einer Bahn zu erreichende Aussichtspunkt Europas mit Blick auf das Matterhorn glacier paradise und die französischen Alpen sowie bis nach Italien zur Po-Ebene. Ab dem 1.7.2023 wird die neue 3S-Bahn Matterhorn Glacier Ride II die Schweizer Bergstation Klein Matterhorn mit der italienischen Talstation Testa Grigia verbinden.
Mit einer Tunnelbahn, der Alpenmetro Sunnegga, kann man das Sunnegga

Alphornmusik auf der autofreien Bahnhofstrasse vor dem Hotel Monte Rosa
Alphorn music on the car-free Bahnhofstrasse in front of the Hotel Monte Rosa

Standing on the 600 m-long Bahnhofstraße in the centre, one already notes that in the whole car-free Zermatt, only electric vehicles, horse carriages and sledges are allowed. The Mattervispa River flows through the centre. The original village character is most likely to be recaptured in the marketplace or at the English church and adjoining cemetery with many mountaineer graves.

Since 2009, the Matterhorn-Express gondola lift has been driving from Zermatt via Furi to the Black Lake with a view of the Black Lake paradise and on via Furgg to Trockener Steg. From the Black Lake (2583 m) over the Staffel and Staffelalp, experienced climbers ascend via the Hörnliweg to the Hörnlihütte (3260 m) to the Base Camp Matterhorn to climb the summit of the Matterhorn – partly after visiting the mountain guides' chapel Maria zum See. The plan for a Matterhorn railway by the Swiss engineers Henri Golliez and Xavier Imfeld, whereby everyone could have reached the summit of the mountain, was rejected in 1906. So, access to the summit is reserved only for mountaineers. The mountain guide Ulrich Inderbinen (1900–2004) climbed the Matterhorn, last at the age of 90, a total of 371 times.

Many tourists drive with the highest tricable gondola in the world, the Matterhorn Glacier Ride, in 9 minutes from the Trockener Steg (2939 m) to the Klein Matterhorn (3820 m), where a lift leads to the summit. There, at 3883 m, the highest vantage point in Europe can be reached with a view of the Matterhorn glacier paradise and the French Alps as well as of the Po Valley in Italy. From July 1st 2023, the new Matterhorn Glacier Ride II tricable gondola will connect the Swiss mountain station Klein Matterhorn with the Italian valley station Testa Grigia.

With a funicular tunnel railway, the Alpenmetro Sunnegga, you can reach the

paradise östlich von Zermatt auf 2280 m Höhe erreichen. Mit einer Gondelbahn geht es dann weiter zum Blauherd (2577 m), an dessen Bergstation man auf dem 5-Seenweg wandern und unterwegs Walliser Schwarznasenschafen begegnen kann. Vom Blauherd kann man mit einer anderen Gondelbahn zum Rothorn paradise auf das Rothorn (3103 m) fahren.
Mancher Tourist findet Gefallen am Heliskiing in der Region Zermatt von insgesamt fünf Gipfeln aus.
Vor und nach solchen Hochgenüssen wird noch aufs Beste für das kulinarische Wohl gesorgt. Überall lockt in der Sommersaison die berühmte Walliser Aprikosenwähe, die man auch im Glacier Express probieren kann. In der Zermatter Bäckerei Fuchs gibt es das berühmte Bergsteigerbrot sowie Whymperli in Form des Matterhorns, Zermatter Birnbrot und die berühmte Zermatter Nusstorte. Höhepunkt sind handgemachte Matterhörnli, deren Füllung sogar auf Wunsch des Kunden individuell angefertigt wird.
In der Zermatter Horu-Käserei werden neben verschiedenen Bergkäse- und Joghurtsorten Zermatter Kräuterkäse mit Kräutern vom Furi und eine spezielle Zermatter Fondue-Mischung angeboten.
Die Bergbauern Zermatts schätzen die kleinen, aber kräftigen Eringer-Rinder, die im Mattertal schon seit Jahrhunderten gezüchtet werden. Eringer-Rinder zählen zu den kleinsten Rinderrassen Europas und können sich unproblematisch auf steilen Hängen halten. Vom Zugfenster aus kann man sie auf den Weiden und Wiesen im Mattertal beobachten. Darüber hinaus sind die Walliser Kuhkämpfe mit dieser Rasse berühmt. Zunächst als Wintervorrat, später als Delikatesse wird das Fleisch dieser Tiere seit dem 14. Jahrhundert zur Herstellung von Walliser Trockenfleisch verarbeitet, das im Gegensatz zum Bündner Trockenfleisch ausschließlich aus Schweizer Fleisch besteht.

Ein Besuch im Matterhorn Museum Zermatlantis
A visit to the Matterhorn Museum Zermatlantis

paradise of Sunnegga to the east of Zermatt at an altitude of 2280 m. Then take a gondola lift to the Blauherd (2577 m), at whose mountain station you can hike an the 5 Lakes Trail and encounter Valais black-nosed sheep on the way. From the Blauherd you can take another gondola to Rothorn paradise on the Rothorn (3103 m).
Some tourists enjoy heli-skiing in the Zermatt region from a total of five peaks.
Before and after such delights, the best will be provided for your culinary wellbeing. Everywhere in the summer season, you can enjoy the famous Valais apricot flan, which you can also taste on the Glacier Express. In the bakery Fuchs in Zermatt, there is the famous mountaineer bread as well as "Whymperli" in the shape of the Matterhorn, Zermatt pear bread and the famous Zermatt nut cake. A highlight is handmade Matterhörnli, whose filling can even be individualised by the customer.
The Zermatt Horu cheese dairy also offers various mountain cheese and yoghurt varieties, Zermatt herb cheese with herbs from Furi and a special Zermatt fondue mix.
The mountain farmers of Zermatt appreciate the small but powerful Hérens cattle that have been bred in the Matter Valley for centuries. Hérens cattle are among the smallest cattle breeds in Europe and can easily stay on steep slopes. From the train window you can watch them on the pastures and meadows in the Matter Valley. In addition, Valais cow fights with this breed are famous. First as winter stock, later as a delicacy, the meat of these animals has been processed since the 14th century to produce Valais dried meat, which in contrast to Bündner dried meat consists exclusively of Swiss meat.

Die Bar im Hotel Mont Cervin Palace lässt kaum einen Wunsch offen.
The bar in the Hotel Mont Cervin Palace leaves hardly a wish unfulfilled.

Ausflug zum GORNERGRAT

Die Region Zermatt ist durch verschiedene Bergbahnen erschlossen. Mit der Gornergratbahn (GGB), die direkt vom Startbahnhof des Glacier Express abfährt, lässt sich über eine Strecke von 9,3 km seit 1895 die höchste offene Bergstation Europas auf dem Gornergrat (3089 m) erreichen. Sie ist damit nach der Jungfraubahn die zweithöchste Bahn Europas. Vom Gornergrat kann man den Blick auf das Matterhorn und 29 weitere Viertausender, unter ihnen den mit 4.634 m höchsten Berg der Schweiz Monte Rosa inmitten einer alpinen Gletscherwelt genießen. Von hier führt eine Luftseilbahn u.a. zum Stockhorn (3405 m).

Die mit dem Zahnstangensystem Abt ausgerüstete Bergbahn auf den Gornergrat ist die älteste elektrische Zahnradbahn der Schweiz und darüber hinaus die höchste, frei verlaufende Bahn Europas. Sie ist die natürliche Fortsetzung der Route des Glacier Express und führt unmittelbar in die Hochgebirgs- und Gletscherregion des Monte Rosa-Massivs. Sie überwindet ab dem Bahnhof von Zermatt mit einer Steigung von 200 Promille eine Höhendifferenz von ca. 1500 m. Die Trasse ist fast vollständig im Freien angelegt und führt über

Weltrekord im Alphorn-Blasen auf dem Gornergrat 2013 in Sichtweite des Matterhorns
World record in alphorn playing on the Gornergrat 2013 in sight of the Matterhorn

Excursion to the GORNERGRAT

The Zermatt region is accessible by various mountain railways. With the Gornergratbahn (GGB), which leaves directly from the Glacier Express' starting station, the highest open mountain station in Europe on the Gornergrat (3089 m) has been reachable over a distance of 9.3 km since 1895. It is the second highest railway in Europe after the Jungfrau Railway. From the Gornergrat, you can enjoy the view of the Matterhorn and 29 other four-thousanders, among them the highest mountain in Switzerland, Monte Rosa, at an altitude of 4,634 m, amidst an alpine world of glaciers. From here, a cable car leads, for instance, to the Stockhorn (3405 m).
Equipped with the Abt rack system, the mountain railway on the Gornergrat is the oldest electric cog railway in Switzerland and, in addition, the highest railway in Europe outside a tunnel. It is the natural continuation of the Glacier Express route and leads directly into the high mountain and glacier region of the Monte Rosa massif. From the station in Zermatt, with a gradient of 200 per thousand, it overcomes a height difference of approx. 1500 m. The track is almost entirely laid out in the open and leads over impressive bridges,

Eine Fahrt auf den Gornergrat als Auftakt zu einer Reise mit dem GEX
A ride on the Gornergrat as a prelude to a trip with the GEX

Erhabener Blick vom Gornergrat auf die Gletscherwelt

eindrucksvolle Brücken, durch Galerien und Tunnel, idyllische Wälder und Alpwiesen, vorbei an Steinschluchten und Gebirgsseen. Die gut halbstündige Bergfahrt mit einer Geschwindigkeit von bis zu 30 km/h bietet einen fast ständigen Blick auf das markante Massiv des Matterhorns aus immer wieder neuen Perspektiven. Die Talfahrt dauert etwas länger, da die zulässigen Höchstgeschwindigkeiten niedriger sind. Selbst die modernsten Triebwagen müssen hier auf 27 km/h bei 125 Promille Gefälle und auf 20 km/h bei 200 Promille Gefälle gebremst werden. Die etwa zur Hälfte doppelspurig ausgebaute Bergbahn wird mit Drehstrom betrieben, sodass der Fahrdraht

Magnificent view from the Gornergrat on the glacier world

through galleries and tunnels, idyllic forests and alpine meadows, past rocky gorges and mountain lakes. The good half-hour uphill ride with a speed of up to 30 km/h offers an almost constant view of the striking Matterhorn massif from always new perspectives. The descent takes a little longer, because the maximum permissible speeds are lower. Even the most modern railway carriages have to slow down here to 27 km/h at 125 per thousand downward slopes and to 20 km/h at 200 per thousand downward slopes.
Approximately half of the mountain railway is double-track and operated with three-phase current, so that the contact wire provides two phases and

Alles im Doppelpack: zwei nagelneue Triebwagen des Typs POLARIS der GGB mit jeweils 2 Scherenstromabnehmern auf dem Doppelspurabschnitt bei Riffelalp Foto: GGB
All in a double pack: two brand new GGB POLARIS railcars, each with two pantographs, on the double track section near Riffelalp.

zwei Phasen zur Verfügung stellt und die Triebwagen mit zwei kleinen Stromabnehmern nebeneinander ausgestattet sind.
Die Gornergratbahn (GGB) verfügt über Zahnradtriebwagen aus unterschiedlichen Epochen. Die fünf neuesten Exemplare Bhe 4/6 3091 bis 3095 stammen aus dem Hause Stadler und traten ihren Dienst erst zum Jahreswechsel 2022/2023 an. Für ihre ungewöhnliche, asymmetrische Formgebung ist der italienische Designer Pininfarina verantwortlich. Sie werden als „Polaris" bezeichnet (POpular LAndscape Railway In Switzerland) und verkehren in der Regel gekuppelt mit einem Triebwagen Bhe 4/6 der Serie 3081 bis 3084 von 2006. Durch die geringfügig erhöhte Geschwindigkeit ist nun ein sauberer 20-Minuten-Takt möglich. Interessant ist darüber hinaus der Güterverkehr auf Teilabschnitten, für den die beiden 1981 gebauten Bhe 4/4 zuständig sind.
Viele Touristen verlassen die GGB an der Zwischenstation Riffelalp (2209 m). Ein Traummotiv ist für die Fotografen des am meisten fotografierten Berges der Welt das im Riffelsee gespiegelte Matterhorn. Von der Zwischenstation Riffelalp fährt das Riffelalp-Tram zum 5-Sterne-Hotel Riffelalp Resort. Es ist seit der Eröffnung 1899 die kürzeste (480 m) und höchstgelegene (bis 2222 m) Trambahn Europas. Die Zubringerstrecke mit einer Spurweite von 800 mm wurde auf Initiative des Zermatter Hotelpioniers Alexander Seiler für sein 1884 erbautes Hotel auf der Riffelalp verlegt. Nach der Stilllegung 1961 wurde der Trambetrieb 2001 für den Anschluss des heutigen, neu errichteten Hotels auf 675 m verlängert wieder aufgenommen, nunmehr mit Akkubetrieb auf einer Spurweite von 900 mm. Von der Station Rotenboden der GGB erreicht man zwischen Dezember und April nach ungefähr 15 Minuten Fußweg das auf 2727 m weltweit höchst gelegene Iglu-Dorf Zermatt. Dort kann man z. B. ein Iglu-Lunch-Fondue genießen.

Seine Majestät, das Matterhorn thront über einem Zahnradtriebwagen vom Typ Polaris Foto: GGB
His Majesty, the Matterhorn enthroned above a Polaris rack-and-pinion railcar

the railway carriages are equipped with two small pantographs side by side.
The Gornergratbahn (GGB) has rack-and-pinion railcars from different eras. The five newest examples, Bhe 4/6 3091 to 3095, come from Stadler and entered service at the turn of the year 2022/2023. The Italian designer Pininfarina is responsible for their unusual, asymmetrical design. They are called "Polaris" (POpular LAndscape Railway In Switzerland) and usually run coupled with a Bhe 4/6 railcar of the series 3081 to 3084 from 2006. Due to the slightly increased speed, a clean 20-minute interval is now possible. Furthermore, the freight traffic on partial sections is interesting, for which the two Bhe 4/4 built in 1981 are responsible.

Many tourists leave the GGB at the way station Riffelalp (2209 m). A dream subject for photographers of the most photographed mountain in the world is the Matterhorn mirrored in the Riffelsee. From the way station Riffelalp, the Riffelalp Tram goes to the 5-star hotel Riffelalp Resort. Since opening in 1899, it has been the shortest (480 m) and highest (up to 2222 m) tram in Europe. The 800 m-gauge feeder line was laid on the initiative of Zermatt hotel pioneer Alexander Seiler for his hotel on the Riffelalp built in 1884. After its closure in 1961, operations were resumed in 2001 for connection to the newly built hotel; since then, the tram has been running battery-powered on a track width of 900 mm. From the GGB station Rotenboden, between December and April, it is possible after about 15 minutes on foot to reach the igloo village Zermatt, which is at an altitude of 2727 m, the highest in the world. There you can enjoy e.g. an igloo lunch fondue.

Erste Etappe
ZERMATT – BRIG

Die Reise mit dem Glacier Express beginnt in Zermatt auf einer Höhe von 1631 m. Während das Bahnhofsgebäude in der hier üblichen Holzbauweise errichtet wurde, ist die Überbauung der 6 Gleise zum Schutz vor Lawinen aus massivem Stahlbeton gefertigt. Das Gleis 2 des Tunnelbahnhofs dient dem Pendelverkehr nach Täsch und besitzt für den schnellen und bequemen Ausstieg für Fahrgäste mit Gepäck je einen Bahnsteig auf beiden Seiten.
Die Glacier-Express-Züge starten auf den Gleisen 3 bis 5. Der nächste Halt zum Ein-und Aussteigen wird erst der Bahnhof Brig im Rhonetal sein, etwa eine Stunde und 20 Minuten später. Dennoch wird unser Zug unterwegs mehrmals kurz anhalten, da die gesamte Strecke eingleisig ist und zahlreiche andere Personen und Güterzüge unterwegs sind. Bei Begegnungen, die in

Ein HGe $4/4^{II}$ auf der Fahrt durch die Zer Niwu Brigga in Neubrück
A HGe $4/4^{II}$ on the drive through the Zer Niwu Brigga in Neubrück

Ein Suchbild: der GEX am Steilhang bei Stalden-Saas
A search image: the GEX on a steep slope near Stalden-Saas

First stage
ZERMATT – BRIG

The journey on the Glacier Express starts in Zermatt at an altitude of 1631 m. While the station building is constructed in the usual timber construction method for this region, the superstructure of the 6 tracks is made of solid reinforced concrete to protect against avalanches. Track 2 of the tunnel station serves the shuttle service to Täsch and has a platform on both sides for a fast and easy exit for passengers with luggage.

The Glacier Express trains start on tracks 3 to 5. The next stop for getting on and off will be at Brig station in the Rhone Valley, about an hour and 20 minutes later. Nevertheless, our train will stop on the way several times, as the entire route is single-tracked and numerous other passenger and freight

Der GEX mit seiner „Gratulations"-Lok HGe $4/4^{III}$ 104 nach der Fahrt durch die Ritibrücke mit der Barockkapelle am Brückenkopf

der Eisenbahnersprache „Kreuzungen“ genannt werden, muss in den mehrgleisigen Bahnhöfen aus sicherheitstechnischen Gründen stets einer der beiden Züge einen Betriebshalt einlegen, bei dem das Verlassen des Zuges nicht erlaubt ist. Gerade auf den ersten fünf Kilometern bis Täsch ist der Zugverkehr besonders dicht, weil die Eisenbahn hier das Verkehrsmonopol besitzt. Nicht nur der Touristenort Zermatt ist vollkommen autofrei, sondern auch die einzige dorthin führende Straße ist für Kraftfahrzeuge gesperrt, so dass alle Reisenden und alle Güter die Bahn nehmen müssen. Zum Schutz vor herabfallendem Gestein und im Winter vor den gewaltigen Schneemengen ist die Strecke mit fünf sogenannten Galerien überbaut, die nicht vollständig geschlossen sind und in Fahrtrichtung rechts durch lange Fensterreihen einen freien Blick ins enge Tal der Mattervispa ermöglichen.

The GEX with its "Gratulations"-engine HGe 4 / 4^{III} 104 after driving through the Riti Bridge with the Baroque chapel on the bridgehead

trains are on the way. For encounters which are called "crossings" in railway language, for safety reasons, one of the two trains always has to engage in a service stop at multi-track stations, where getting off the train is not allowed. Especially on the first five kilometres to Täsch, train traffic is particularly dense, because the railway here has monopoly over the traffic. Not only is the tourist destination of Zermatt completely car-free, but also the only road leading there is closed to motor vehicles, so that all travellers and all goods must take the train. To protect against falling rocks and in winter against the huge amount of snow, the route is overbuilt with five so-called galleries, which are not completely closed and which in the direction of travel to the right through long rows of windows allow a clear view of the narrow valley of the Mattervispa.

Bereits zwei Kilometer hinter Zermatt errreichen wir die Kreuzungsstation (Begegnungsstation) „Kalter Boden". Fast immer kommt uns hier ein Regionalzug aus Brig oder einer der modernen Triebwagen des Typs BDSeh 4/8 entgegen, die seit 2005 zwischen Täsch, dem Endpunkt der öffentlichen Straße, und dem autofreien Zermatt pendeln. Die Triebwagen besitzen ein Panorama-Mittelteil und einen Bereich für Reisende mit viel Gepäck. Hier beginnt auch der erste von insgesamt 13 Zahnstangenabschnitten, auf dem wir bei einem Gefälle von 124 Promille fast 200 Meter Höhe verlieren. Der Fluss verläuft in einer Schlucht, und die Bahn am Hang wird durch Tunnel und Galerien vor den Naturgewalten geschützt.

Die nächste Station Täsch gleicht einem riesigen Parkplatz mit einem dreistöckigen Parkhaus für 2100 Pkw und einem überdachten Abstellplatz für Reisebusse. Im krassen Gegensatz dazu stammt das Bahnhofsgebäude der nächstfolgenden Station Randa noch aus dem Eröffnungsjahr 1891 und wurde bis heute nur geringfügig umgebaut. Von dort aus folgt der Wanderer dem Wegweiser „Europabrücke" und gelangt zur mit 494 m längsten Fußgängerhängebrücke der Welt.

Der folgende Streckenabschnitt wird vor allem durch den Bergsturz geprägt, der 1991 mit einer Geröllmasse von ca. 50 Millionen Tonnen die bestehende Bahntrasse über eine Länge von 250 Metern verschüttete. Es musste eine

Felsbrocken und Geröll erinnern an die Felsstürze von Randa (1991).

Just two kilometres after Zermatt we reach the crossing station "Kalter Boden". Almost always, we meet a regional train from Brig or one of the modern railcars of the type BDSeh 4/8, which have been commuting between Täsch, the end point of the public road, and the car-free Zermatt since 2005. The railcars possess a panoramic middle section and an area for travellers with a lot of luggage. This is also where the first of a total of 13 rack sections begins, on which we lose almost 200 metres in altitude with a gradient of 124 per thousand. The river runs in a ravine, and the railway on the slope is protected from the forces of nature by tunnels and galleries.

The next station, Täsch, resembles a huge parking site with a three-storey car park for 2100 cars and a covered parking space for coaches. In an intense contrast, the station building of the next station Randa still dates from the opening year of 1891 and has thus far been altered only slightly. From there, the hiker follows the sign "Europabrücke" and reaches the longest pedestrian suspension bridge in the world (494 m).

The following stretch is characterised mainly by the 1991 landslide, which with a scree mass of about 50 million tons, spilled onto the existing railway track over a length of 250 metres. A 2.8-kilometre-long new track had to be

Pieces of rocks and boulders reminiscent of the rockfalls of Randa (1991).

Der GEX schlängelt sich bei Neubrück an der Vispa entlang.
The GEX winds its way along the Vispa near Neubrück.

2,8 Kilometer lange neue Strecke gebaut werden, die vollständig mit einer Zahnstange ausgerüstet ist und gemeinsam mit der Talstraße am äußersten Rand des Talbodens verläuft, um das durch weitere Bergstürze bedrohte Gelände möglichst weiträumig zu umfahren. Die gewaltigen herabgestürzten Gesteinsmassen sind durch das linke Zugfenster zu erkennen.
Hinter St. Niklaus, dessen Bahnhof wir etwa 40 Minuten nach der Abfahrt in Zermatt erreichen, beginnt der erste landschaftliche Höhepunkt der Reise. Hier führen die Gleise durch die Kipfenschlucht, in der das Zahnstangengleis und die wilde und schäumende Vispa auf engstem Raum unmittelbar nebeneinander verlaufen. Beidseitig ragen die Felshänge senkrecht, zum Teil sogar überhängend in die Höhe.
Etwa 10 Minuten nach dem Verlassen der Schlucht erreichen wir Stalden, das Brückendorf, das wegen seiner großen Anzahl von Brücken auf engsten Raum bekannt ist. In der oberhalb des Ortes in Törbel angesiedelten Karlen-Swiss Sattlerei kann der Eisenbahnfan ungewöhnliche Taschen der Sorte „Zugvögel“ als Souvenir erwerben, die aus Überbeständen der Sitzbezüge für die alten SBB-Reisezugwagen gefertigt sind, und zwar in den Farben rot (Raucher) und grün (Nichtraucher).
Wenige Minuten später erwartet uns eine weitere Sehenswürdigkeit, auf die wir uns gut vorbereiten müssen, um sie nicht zu verpassen. Unmittelbar nach der Fahrt durch den kleinen Bahnhof Ackersand müssen wir durch die linken Zugfenster am Fluss entlang direkt nach vorne vor die Zuglok blicken. Nur kurz zeigen sich die aus dem Jahre 1599 stammende Riti-Brücke, dahinter die etwas jüngere Straßenbrücke und darüber die hübsche Barockkapelle „Mariä unbefleckte Empfängnis“ aus dem Jahre 1727. Sehr ungewöhnlich ist

Bei Neubrück fährt der GEX in einem Tunnel durch das Widerlager der im Jahre 1599 errichteten Ritibrücke.
At Neubrück, the GEX drives in a tunnel through the abutment of the Riti Bridge, built in 1599.

built, which is completely equipped with a rack and runs together with the valley road at the very edge of the valley to bypass the area threatened by further landslides as far as possible. The huge fallen rock masses can be seen through the left train window.

After St Niklaus, whose station we reach about 40 minutes after departure from Zermatt, the first scenic highlight of the journey begins. Here, the tracks lead through the Kipfen Gorge, where the rack rail track and the wild and foaming Vispa run directly next to each other in a confined space. On both sides, the rocky slopes rise vertically, sometimes even overhanging.

About 10 minutes after leaving the gorge we reach Stalden, the bridge village known for having a large number of bridges in the narrowest space. In the Karlen-Swiss saddlery, located above the village in Törbel, the railway fan can buy unusual "Zugvögel" bags as souvenirs made from overstocked seat covers for the old SBB (Swiss Federal Railways) passenger coaches, in red (smoker) and green (non smoker).

A few minutes later, another attraction awaits us, which we must prepare well for, so as not to miss it. Immediately after driving through the small station of Ackersand we must look through the left train window along the river directly ahead of the train engine. The Riti Bridge dating back to 1599 is only briefly visible, behind it the somewhat younger road bridge and above it the beautiful Baroque chapel "Immaculate Conception of Mary" from 1727. Very unusual is the later created tunnel-shaped opening in the

die nachträglich erstellte tunnelförmige Öffnung in den Bruchsteinen des Widerlagers der Ritibrücke, durch die der Glacier Express hindurch fährt.

Kurz darauf können wir aus dem rechten Fenster aus dem Tal hoch aufsteigende Weinberge erkennen. Zwischen dem Talboden auf 650 m Höhe und dem 500 m höher gelegenen „Heidadorf" Visperterminen liegt Europas höchster Weinberg. Hier gedeien die Heidatrauben. Zu näheren Informationen dient ein Reblehrpfad. Der Heida Barrique gilt als die Perle der Alpenweine.

Unmittelbar danach erreichen wir Visp im Rhonetal, dessen Bahnhof sich nach der Eröffnung des Lötschberg-Basistunnels zu einer wichtigen Umsteigestation wandelte. Seit Zermatt haben wir knapp 1000 Höhenmeter verloren. Ganz in der Nähe befindet sich das Südportal des 34,6 km langen Lötschberg-Basistunnels an der normalspurigen Nord-Süd-Eisenbahnmagistrale von Basel über Bern nach Mailand, der bei seiner Eröffnung im Jahre 2007 der erste Basistunnel durch die Alpen war. Visp lockt mit einer kleinen Altstadt und schönen Patrizierhäusern.

Der nun folgende Streckenabschnitt bis Brig ist auf dem Talboden unmittelbar parallel zur normalspurigen Strecke der Bern-Lötschberg-Simplon-Bahn BLS trassiert. Die Schmalspurgleise neben der Normalspurstrecke liegen

Weinanbau bei Visp
Vine cultivation at Visp

Ungewöhnlich schmales altes Haus einer reichen Familie in Visp
Unusually narrow old house of a rich family in Visp

rubble of the Riti Bridge's abutment, through which the Glacier Express passes.

Shortly thereafter, from the right window we can see high rising vineyards. Between the valley floor at an altitude of 650 m and the 500 m higher "Heidadorf" Visperterminen lies Europe's highest vineyard. Heida grapes grow here. A Reblehrpfad (grape trail) provides more information. The Heida Barrique is considered the pearl of alpine wines.

Immediately afterwards we reach Visp in the Rhone Valley, whose station changed into an important transfer station after the opening of the Lötschberg Base Tunnel. Since Zermatt we have lost almost 1000 metres in altitude. Nearby is the south portal of the 34.6 km-long Lötschberg Base Tunnel on the standard-gauge north-south railway line from Basel via Bern to Milan, which was the first base tunnel through the Alps when it opened in 2007. Visp has a small old town and beautiful patrician houses.

The following stretch to Brig is located on the valley floor directly parallel to the standard-gauge line of the Bern-Lötschberg-Simplon-Bahn (BLS). The narrow-gauge rails next to the standard-gauge line have only been located

hier erst seit dem Jahre 1930. Der Lückenschluss zwischen der Visp-Zermatt-Bahn (Eröffnung 1891) und der Furkabahn (Eröffnung 1915–26) ermöglichte im Sommer 1930 die durchgehende Führung des ersten Glacier Express von Zermatt nach St. Moritz.

Obwohl unser moderner Glacier Express nun seine Höchstgeschwindigkeit von 90 km/h ausfahren kann, könnte uns ein SBB-Intercity oder ein Eurocity-Triebwagen von Genf oder Basel nach Mailand überholen. Links am Berghang erkennen wir abschnittsweise die Bergstrecke der BLS (Bern-Lötschberg-Simplon-Bahn), über die bis 2007 alle Fernreise- und Güterzüge in Richtung Bern und Basel verkehrten. Mit etwas Glück kann man einen am Hang klebenden Triebwagen oder sogar einen inzwischen seltenen bergwärts fahrenden Güterzug erleben, der sich die 27 Promille-Steigung hinaufquält. Am Etappenziel Brig hält der Glacier Express nach wie vor auf dem Bahnhofsvorplatz.

Der GEX fährt durch das winterliche Mattertal zum Bahnhof Stalden.

here since 1930. The closing of the gap between the Visp-Zermatt Railway (opened 1891) and the Furka Railway (opened 1915–26) made it possible to introduce the Glacier Express as a first through train from Zermatt to St Moritz in the summer of 1930.

Although our modern Glacier Express can now reach its maximum speed of 90 km/h, an SBB Intercity or an Eurocity railcar from Geneva or Basel to Milan could overtake us. On the left side of the mountain, we can see sections of the BLS (Bern-Lötschberg-Simplon-Railway) mountain route, across which all long-distance and freight trains ran until 2007 in the direction of Bern and Basel. With a bit of luck, you'll be able to experience a railcar sticking to the slope or even a now rare freight train, moving upwards on the 27 per thousand gradient. At the stage finish of Brig, the Glacier Express, as ever, stops at the railway station forecourt.

The GEX drives through the wintry Matter Valley to Stalden station.

Exkurs
BRIG

Brig (briga *keltisch* = Hügel), 681 m hoch am südlichen Ufer des Rotten (Rhone) gelegen, ist der Hauptort des deutschsprachigen Wallis und war durch seine zentrale Lage am Fuße des Simplon seit jeher eine wohlhabende Handelsmetropole. Schon die Römer zogen über diese alte Säumerstraße zwischen Domodossola in Italien und dem damals bereits besiedelten Brig. 1215 als Handelsumschlagplatz erwähnt wurde Brig um 1250 als Kleinstadt zusammen mit einer Residenz des Bischofs von Sitten gegründet.
Kaspar Jodok von Stockalper (1609–91) war Inhaber eines Handelshauses und wurde aufgrund seines Salzmonopols „Fugger der Alpen“ genannt. Zu immensem Reichtum im 30-jährigen Krieg gekommen, baute er den alten Säumerweg über den Simplon für Söldner- und Warentransporte aus. Als „König vom Simplon“ kontrollierte er dort sämtliche Transporte. Seine Träger transportierten über den Stockalperweg neben Salz, Nahrungsmitteln und Seide auch Erze aus seinen in der Nähe von Brig gelegenen Erzgruben. Sein Handel stand unter dem Leitsatz „Gottes Günstling soll Gewinne abschöpfen.“. Noch heute überragt der von ihm zwischen 1658 und 1678 am Beginn der Simplonstraße

Die umfangreiche Bahnhofsanlage von Brig aus der Vogelperspektive bei Nacht
The extensive station of Brig from the bird's eye view at night

Excursus
BRIG

Brig (*Celtic*, briga = hill), located at an altitude of 681 m on the southern bank of the Rotten (Rhone), is the capital of German-speaking Valais and was due to its central location at the foot of the Simplon, always a wealthy trade metropolis. The Romans already crossed this old mule road between Domodossola in Italy and the then already populated Brig. Mentioned as a trading centre in 1215 Brig was founded around 1250 as a small town together with a residence of the Bishop of Sion.
Kaspar Jodok von Stockalper (1609–91) was the owner of a trading house and was called "Fugger of the Alps" because of his salt monopoly. Coming to immense wealth in the Thirty Years' War, he built the old mule road over the Simplon for transporting mercenaries and goods. As "King of the Simplon" he controlled all transport there. In addition to salt, food and silk, his porters also transported ore from his ore mines located near Brig along the Stockalperweg. His trade was conducted under the motto "God's favourite should make a profit". Even today, the Stockalper Palace he built at the beginning of the Simplon Road between 1658 and 1678 towers over the old town, adorned

Der abendlich beleuchtete Stockalper Palast mit seinen drei Zwiebeltürmen
The evening illuminated Stockalper Palace with its three onion domes

Hilfsbereiter Zugbegleiter am Bahnsteig von Brig
Helpful train conductor at the platform of Brig

erbaute Stockalper Palast die von einigen Patrizierhäusern geschmückte Altstadt. Der Stockalper Palast ist der größte Barockpalast der Schweiz mit einem Arkadenhof und drei Zwiebeltürmen (Kaspar, Balthasar und Melchior). Im Jahre 1666 ließ von Stockalper das Alte Spittel von 1235 am Simplon zum Stockalper Hospiz ausbauen. Auf seine Veranlassung wurden in Brig auch die Kapelle St. Sebastian und das Jesuitenkollegium mit der Kollegiumskirche Spiritus Sanctus gegründet. 1679 wurde er von Konkurrenten nach Domodossola vertrieben, kehrte aber verarmt nach Brig zurück, wo er 1691 starb.
1799 zerstörten die Franzosen unter Napoleon die Stadt. Zwischen 1801 und 1806 ließ Napoleon für Waffentransporte die Straße über den Simplon ausbauen, was zum erneuten wirtschaftlichen Aufbau Brigs führte. Ab 1801 bis 1831 entstand zunächst unter Napoleon und nach dessen Fall mit einer 14-jährigen Pause durch die Mönche vom Großen St. Bernhard nahe dem Alten Hospiz das Simplon Hospiz mit einer im Empirestil integrierten Kirche. Heute ist das Simplon Hospiz ein Haus der Begegnung mit täglicher Messe vor oder nach Wanderungen, z.B. über den alten Stockalperweg und nach Skifahrten im Simplongebiet.
Von Brig aus empfiehlt sich eine Fahrt mit dem Postauto (Bus) über den Simplonpass zum im Jahre 2000 durch ein Unwetter zerstörten Dorf Gondo bis Iselle-Domodossola. Ebenfalls mit dem Postauto lohnt sich ein Ausflug nach Blatten und weiter mit der Luftseilbahn zur Belalp (2137 m), um von dort den Ausblick auf den größten Gletscher der Alpen, den Grossen Aletschgletscher zu genießen.
Der Grosse Aletschgletscher ist 23 km lang, 86 km^2 groß, 27 Milliarden Tonnen schwer und das Herz des „UNESCO-Welterbes Schweizer Alpen Jungfrau-Aletsch“ (2001). Durch den Klimawandel verliert sein Eis jährlich ca. 50 m Länge und 12 m Dicke.
Nach der Eröffnung des Simplon- und des Lötschbergtunnels wurde Brig im Jahre 1913 zum Eisenbahnknotenpunkt.

Der Stadtplatz von Brig
The town square of Brig

by some patrician houses. The Stockalper Palace is the largest Baroque palace in Switzerland with an arcade courtyard and three onion domes (Caspar, Balthazar and Melchior). In 1666, von Stockalper had the Old Spittel from 1235 on the Simplon expanded to the Stockalper Hospice. At his instigation, the chapel of St Sebastian and the Jesuit College with the collegiate church Spiritus Sanctus were also founded in Brig. In 1679, he was driven away by competitors to Domodossola, but returned impoverished to Brig, where he died in 1691.
In 1799, the French under Napoleon destroyed the city. Between 1801 and 1806, Napoleon had the road over the Simplon upgraded for arms transport, which led to an economic rebuilding of Brig. From 1801 to 1831, initially under Napoleon and after his fall, with a 14-year break due to the monks from the Great St Bernard, the Simplon Hospice was built with an integrated church in Empire style near the Old Hospice. Today, the Simplon Hospice is a meeting place with daily mass before or after walks, e.g. over the old Stockalperweg, and after skiing in the Simplon area.

From Brig it is advisable to travel by Postauto (bus) over the Simplon Pass to the village Gondo, destroyed in the year 2000 by a storm, to Iselle-Domodossola. It is also worth taking the Postauto (bus) to Blatten and then the aerial cableway to the Belalp (2137 m) in order to enjoy the view of the largest glacier in the Alps, the Great Aletsch Glacier.

The Great Aletsch Glacier is 23 km long, 86 km^2 large, 27 billion tons heavy and the heart of the "UNESCO World Heritage Site Swiss Alps Jungfrau-Aletsch" (inscribed in 2001). Due to climate change, its ice loses about 50 m in length and 12 m in thickness annually.
After the opening of the Simplon and Lötschberg tunnels, Brig became a railway junction in 1913.

Zweite Etappe
BRIG – ANDERMATT

Seit 2007 muss der Glacier Express in Brig nicht mehr die Fahrtrichtung wechseln. Über eine kurze Neubaustrecke geht es direkt weiter in Richtung Nordosten das Rhonetal hinauf. Dieser uns über weitere 40 km begleitende Fluss heißt hier im deutschsprachigen Teil der Schweiz „Rotten“ oder „Rhone“, wobei der in der französischen Sprache verwendete „accent circonflexe“ (Zirkumflex in Form eines Dachs) über dem „o“ weggelassen wird.
Unmittelbar am Ende des Gleisvorfeldes von Brig unterqueren wir die Hauptstrecke nach Mailand. Genau hier taucht diese Strecke in den Simplontunnel ein, der mit seiner Länge von 19,8 Kilometern bis zum Ende der 1970er Jahre als längster Tunnel der Welt galt. Er ist fast über seine gesamte Länge vollkommen geradlinig, nur an den beiden Tunnelportalen läuft er in kurzen Bögen aus.
Nun schließt sich eine wenig spektakuläre Fahrt durch das breite und anfangs zersiedelte Rhonetal an.
In der Metzgerei Aletsch in Mörel kann man sich übrigens mit Walliser Spezialitäten eindecken.
An den Bahnhöfen in Mörel und Betten befinden sich die Talstationen von Seilbahnen, die hoch hinauf führen zur Riederalp und zur Bettmeralp auf knapp 2000 m Höhe. Von dort erreicht man zu Fuß oder mit weiteren Seil-

Der GEX verlässt den Grengiols-Kehrtunnel und überquert den gleichnamigen Viadukt.
The GEX leaves the Grengiols spiral tunnel and crosses the viaduct of the same name.

Second stage
BRIG – ANDERMATT

Since 2007, the Glacier Express in Brig no longer has to change direction. Over a short new line, it goes straight on towards the northeast of the Rhone Valley. This river, which accompanies us for further 40 km, is called "Rotten" or "Rhone" in the German-speaking part of Switzerland, whereby the French "accent circonflexe" (shaped like a roof) above the "o" is omitted. Immediately at the end of Brig's track apron, we cross under the main line to Milan. This is exactly where this stretch plunges into the Simplon Tunnel, which, with its length of 19.8 kilometres, was until the end of the 1970s the longest tunnel in the world. It is almost straight across its entire length; only at the two tunnel portals does it lead out in short arches.
Now follows a little spectacular ride through the wide and initially sprawled Rhone Valley. By the way, you can stock up on Valais specialities from the butcher's shop Aletsch in Mörel.
At the stations in Mörel and Betten are the cable car valley stations that lead up to the Riederalp and Bettmeralp at an altitude of almost 2000 m. From there, on foot or by other cable cars, you can reach the panoramic paths and

Hinter dem Grengiols-Kehrtunnel hat man nach rechts einen Blick auf den gleichnamigen Viadukt, den man 2 Minuten zuvor befahren hat.
Behind the Grengiols spiral tunnel you have to the right a look at the viaduct of the same name, which was crossed 2 minutes earlier.

bahnen die Panoramawege und Aussichtspunkte auf knapp 3000 m Höhe, die unglaubliche Ausblicke auf den Grossen Aletschgletscher eröffnen.
Von hier unten aus dem Glacier Express ist davon nichts zu sehen. Das Träumen von der Gletscherwelt weit oben darf uns nicht dazu verleiten, das nächste technische Schauspiel hier unten zu verpassen.
Etwa 15 Minuten nach der Abfahrt in Brig erreichen wir den Bahnhof Grengiols und 250 m dahinter den gleichnamigen Viadukt, der mit einer Länge von 96 m und einer Höhe von 50 m über der Rhone das größte Brückenbauwerk auf dem Netz der Matterhorn Gotthard Bahn darstellt. Wenn man auf der Brücke aus dem linken Zugfenster nach vorne schaut, kann man ca. 80 m höher am Berghang einen Streckenabschnitt erkennen, den wir knapp zwei Minuten später passieren werden. Unmittelbar hinter der Brücke tauchen wir nämlich in den 592 m langen Grengiols-Kehrtunnel ein. Fast unbemerkt befährt unser Zug eine lang anhaltende Linkskurve über einen Winkel von fast 270° (Dreiviertelkreis), währenddessen er sich gleichzeitig mit Hilfe der Zahnstange bei einer Steigung von 90 Promille ca. 80 m in die Höhe schraubt. Hinter dem Tunnel haben wir aus dem rechten Zugfenster einen Blick ins Rhonetal, aus dem wir gekommen sind, und steil nach unten auf den Grengiols-Viadukt, den wir zwei Minuten zuvor passiert haben.
Nach weiteren ca. 1000 m Bergfahrt an der Zahnstange und der Überschreitung des Höhenniveaus von 1000 m erreichen wir das Goms, wie das Hochtal der jungen Rhone genannt wird. Während der nächsten 15 Minuten sind die Gleise am Nordhang des hier tief eingeschnittenen Rhonetals verlegt. Immer wieder haben wir aus dem rechten Zugfenster einen Ausblick in die Schlucht,

Autozug vor der Abfahrt in den Furka-Basistunnel
Car train before leaving for the Furka Base Tunnel

Begleitete Schlittenfahrt bei der Kirche von Bettmeralp
Accompanied sleigh ride at the church of Bettmeralp

vantage points at an altitude of almost 3000 m, which reveal incredible views of the Great Aletsch Glacier.
None of this can be seen down here out of the Glacier Express. Dreaming of the glacier world high up should not tempt us to miss the next technical spectacle down here.
About 15 minutes after leaving Brig, we reach Grengiols station and, 250 metres behind it, the viaduct of the same name, which, at a length of 96 metres and 50 metres above the Rhone, is the largest bridge on the Matterhorn Gotthard railway network. If you look forward at the bridge from the left train window, you can see about 80 m higher on the mountainside a section of the track that we will pass just two minutes later. Immediately behind the bridge we dive into the 592 m-long Grengiols spiral tunnel. Almost unnoticed, our train makes a long left turn over an angle of almost 270° (three-quarter circle), while at the same time with the help of the rack at a gradient of 90 per thousand it raises about 80 m in height. Behind the tunnel, from the right-hand window, we have a glimpse of the Rhone Valley we came from and steep downwards to the Grengiols Viaduct, which we passed two minutes earlier.

After another 1000 m uphill ride on the rack and exceeding the level of 1000 m, we reach Goms, as the high valley of the young Rhone is called. During the next 15 minutes, the tracks are laid on the northern slope of the deeply cut Rhone Valley. Again and again, we have a view of the gorge from the right train window, but we can rarely look down to its bottom. We now

bis auf den Grund können wir aber nur selten blicken. Wir passieren nun den beliebten Wintersportort Lax und danach Fiesch, von wo aus man mit Seilbahnen auf das Eggishorn (2926 m) mit der schönsten Aussicht auf die Gletscherwelt des Grossen Aletsch fahren kann. Danach erreichen wir über eine doppelte Kehrschleife und mit Hilfe einer Zahnstange (Steigung: 90 Promille) an der Fürgangen-Bellwald-Talstation die 1200-m-Höhenmarke. Dort führt eine mehr als 60 Jahre alte Seilbahn 350 m hinauf in den Ort Bellwald.
Vor dem Bau der Eisenbahn stellte das Goms für Reisende und Transporteure eine ruhige Phase zwischen den beschwerlichen Wegen über die Pässe dar. Die Lage zwischen Furka- und Grimselpass im Norden und Osten sowie dem Nufenen- und dem Griespass im Süden verlieh dem Goms neben der militärischen eine wirtschaftliche Bedeutung, die sich noch heute in den markanten Bauwerken aus der Zeit zwischen dem 15. und 18. Jahrhundert zeigt. Als zwei Beispiele dienen die jeweils ca. 40 Minuten nach der Abfahrt in Brig vom Zug aus dem linken Fenster sichtbaren Kirchen von Reckingen und Münster.
Reckingens Kirche gilt als schönstes Barockbauwerk (1745) des Wallis. Sie wurde nach den Plänen des Priesters Jean-Georges Ritz im 18. Jahrhundert erbaut. Die Familie Ritz wurde weltberühmt durch den Hotelier César Ritz, der 1850 im nahen Niederwald im ursprünglichen Dorf Ritz geboren wurde.
Die Kirche von Münster gilt als eine gelungene Mischung aus den Epochen Romanik (Turm, 12. Jh.), Spätgotik (Chor 1491) und Renaissance (Kirchenschiff 1509).
Zwischen Brig und Gletsch gibt es einige Stationsgebäude, die aus der Gründerzeit der Furkabahn stammen, zum Beispiel das Bahnhofsgebäude von Reckingen.

Gletscherwelt im Untergang? Blick vom Eggishorn auf den Großen Aletschgletscher
Glacier world in decline? View from the Eggishorn to the Great Aletsch Glacier

pass the popular winter sports resort of Lax and then Fiesch, from where you can take cable cars to the Eggishorn (2926 m) with the most beautiful view of the Great Aletsch glacial world. Over a double hairpin bend, with the help of a rack (gradient: 90 per thousand) at the Fürgangen-Bellwald valley station, we then reach the 1200-m elevation mark. There, an aerial cableway that is more than 60 years old leads 350 metres up to Bellwald.

Before the construction of the railway, Goms provided a calming phase between the arduous paths over the passes for travellers and hauliers. The location between the Furka and the Grimsel Pass in the north and east and the Nufenen and the Gries Pass in the south gave Goms economic importance alongside the military, which still shows today in striking buildings from the period between the 15th and 18th centuries. The churches of Reckingen and Münster serve as two examples, which are visible from the left window about 40 minutes after departure from Brig.

Reckingen's church is considered the most beautiful Baroque building (1745) in the Valais. It was built according to the plans of the priest Jean-Georges Ritz in the 18th century. The Ritz family became world-famous thanks to the hotelier César Ritz, who was born in the nearby Niederwald in the original village of Ritz in 1850.
The church of Münster is considered a successful mixture of three epochs: Romanesque (tower, 12th century), Late Gothic (choir, 1491) and Renaissance (nave, 1509).
Between Brig and Gletsch are several station buildings, which originate from the founding years of the Furka Railway, e.g. Reckingen's station building.

Die HGe 4/4ˡˡ kann sich auf der schnurgeraden Strecke bei Münster etwas ausruhen.
The HGe 4/4ˡˡ can rest on the dead straight track near Münster.

Handgeformte Schneefiguren auf der Bettmeralp
Handformed snow figures on the Bettmeralp

Durch das obere Goms erreichen wir Oberwald. Von dort aus fuhr der Glacier Express bis zum Jahre 1981 weiter hoch in die Berge über Gletsch am Fuße des Rhone-Gletschers vorbei durch den Furka-Scheiteltunnel nach Realp. Der Rhone-Gletscher war eigentlich namensgebend für den Glacier Express (Glacier *franz./engl.* = Gletscher), allerdings konnte der Streckenabschnitt nur im Sommer befahren werden, zwischen Oktober und Mai herrschte dort Winterpause.

Aber nicht nur der Glacier Express hat sich aus dem Hochtal von Gletsch zurückgezogen, sondern auch der Gletscher selbst, so dass die Hauptattraktion der ehemaligen Route des Glacier Express ohnehin nicht mehr zu sehen wäre. Konnten die Reisenden im ersten Glacier Express im Jahre 1930 das Eis noch fast anfassen, ist von der kalten Pracht nur noch der über Jahrtausende abgeschliffene Berghang übrig geblieben.

Heute fährt der Glacier Express bis Realp fast ganzjährig durch den 15,4 km langen, eingleisigen Furka-Basistunnel, der über zwei Kreuzungsstellen im Inneren verfügt. In der Tunnelmitte befindet sich ein Abzweig im Rohbau in Richtung Tessin, der aber nicht für den Zugverkehr ausgebaut wurde. Während der endlosen, 15 bis 20 Minuten dauernden Fahrt im Dunkeln erinnert man sich unwillkürlich an die Kurzgeschichte „Der Tunnel" von Friedrich Dürrenmatt (1921–1990), worin ein Zug in einen Tunnel fährt und nicht wieder ans Licht kommt, für immer.

Wer den Tunnel meiden und nicht auf die Fahrt über den Berg verzichten möchte, kann seit August 2010 im Sommer durchgehend von Oberwald bis Realp sogar mit einem Dampfzug die alte Strecke bereisen (s. Ausflug, Seiten 64–70). Wenige Minuten nach dem Verlassen des Ostportals erreichen wir Andermatt, wo der Glacier Express mindestens 8 Minuten Aufenthalt hat.

Der GEX kämpft sich durch die einsame Schneelandschaft hinauf zum Oberalppass.
The GEX fights its way through the lonely snowy landscape up to the Oberalp Pass.

Through the Upper Goms we reach Oberwald. From there, up to the year 1981 the Glacier Express climbed up into the mountains to Gletsch at the foot of the Rhone Glacier and went onwards through the Furka Summit Tunnel to Realp. The Rhone Glacier was actually eponymous for the Glacier Express; however, the stretch could only be used in the summer, so there was a winter break between October and May.

But not only the Glacier Express has withdrawn from the Gletsch high valley, but also the glacier itself, so that the main attraction of the former route of the Glacier Express would not be visible anyway. While travellers in the first Glacier Express were still able to touch the ice in 1930, the only thing left of the cold splendour is the mountain slope that had been polished for millennia.
Today, the Glacier Express goes to Realp almost year-round through the 15.4 km-long, single-track Furka Base Tunnel, which has two intersections inside. In the middle of the tunnel is a shell for a junction towards Ticino, which was, however, not finished for train traffic. During the endless drive lasting 15 to 20 minutes in the dark, one cannot help remembering the short story *The Tunnel* by Friedrich Dürrenmatt (1921–1990), in which a train drives into a tunnel and never ever comes back to the light.

If you want to avoid the tunnel and don't want to miss the journey over the mountain, you can even travel the entire route from Oberwald to Realp as of August 2010 in the summer by steam train (see excursion pages 65–71). A few minutes since leaving the east portal we reach Andermatt, where the Glacier Express stay at least 8 minutes.

Ausflug über die Furka Bergstrecke von REALP NACH OBERWALD

Im Jahre 1982 erfolgte die Eröffnung des 15,4 km langen Furka-Basistunnels mit seinen Portalen an den Stationen Oberwald im Osten und Realp im Westen. Seitdem unterquert auch der Glacier Express die Wasserscheide zwischen Rhone und Reuss/Rhein tief im Berg des Muttenhornmassivs. Bereits zuvor im Herbst 1981 war der Glacier Express vor Eintritt der Winterpause zum letzten Mal über die Bergstrecke gefahren, die danach sofort stillgelegt wurde.

Ab 1992 begann eine Gruppe von Eisenbahnfreunden mit den Arbeiten zur Reaktivierung der 18 km langen Bergstrecke, die über 12,7 km mit einer Zahnstange ausgerüstet ist. Vollständig in Fronarbeit, also freiwillig und unbezahlt, konnte die topografisch schwierige Strecke Abschnitt für Abschnitt wieder hergerichtet werden. Seit 2010 ist die gesamte alte Bergstrecke wieder in Betrieb. Der Fahrdraht wurde nicht wieder aufgehängt, vielmehr wird nun mit Dampfloks und seltener auch mit Dieselloks gefahren.

Die HG 3/4 4 ist heute wieder eine Stammlok auf der Furka-Bergstrecke.
The HG 3/4 4 is again a regular locomotive on the Furka mountain route.

Excursion along the Furka mountain route from REALP TO OBERWALD

The opening of the 15.4 km-long Furka Base Tunnel, with its portals at the stations Oberwald in the east and Realp in the west, took place in 1982. Since then, the Glacier Express has also passed underneath the watershed between the Rhone and Reuss/Rhine deep in the mountain of the Muttenhorn massif. In the autumn of 1981, before the winter break, the Glacier Express drove for the last time along the mountain route, which was then immediately shut down.

From 1992, a group of railway enthusiasts began work to reactivate the 18 km-long mountain track, which is equipped with a rack over 12.7 km. Completely through socage, i.e. voluntary and unpaid labour, the topographically difficult track was restored section by section. As of 2010, the entire old mountain route is back in operation. The aerial contact wire was not hung up again, but the trains are now driven by steam engines and more rarely by diesels.

Die Fahrgäste schwelgen in den Original-FO-Personenwagen in Dampfnostalgie.
Passengers wallow in steam nostalgia in the original FO passenger coaches.

Viadukt über den Rotten (Rhone)
Viaduct over the Rotten (Rhone)

Die hier eingesetzten, sorgfältig aufgearbeiteten Dampfloks der Baujahre 1892 bis 1914 stammen von der Visp-Zermatt-Bahn (VZ) und der Furka-Oberalp-Bahn (FO). Sie tragen die Typenbezeichnungen HG 2/3 Nr. 6 sowie HG 3/4 Nr. 1, 4 und 9 sowie HG 4/4 Nr. 704 und 708. Die zwei- und vierachsigen Personenwagen stammen von verschiedenen Meterspurbahnen und sind in eigenen Werkstätten ebenfalls in Fronarbeit restauriert worden.

Die Fahrt mit den historischen Zügen beginnt in der Regel in Realp am Ostportal des Basistunnels, wo die Dampfloks (Rauchkammer voran) auf ihre Fahrgäste warten. Nach der Abfahrt in Realp (1546 m) folgt die Bahn der Furkareuss und klettert in der Doppellamellen-Zahnstange nach System Abt gemächlich am Hang eines schmalen Grabens zur Kreuzungsstelle Tiefenbach (1849 m) hoch. Dabei durchfährt der Dampfzug die drei kurzen Alt-Senntumstafel-Tunnel und überquert den ungewöhnlich konstruierten Brückenübergang beim Steffenbach.

Diese dreiteilige, 1925 errichtete Stahlbrücke lässt sich mit ihrem Gewicht von 32 t während der Winterpause zum Schutz vor Lawinen in Sicherheit bringen. Anfang Oktober wird mit Seilwinden zuerst der mit einem Scharnier versehene Mittelteil abgeklappt; anschließend werden die seitlichen Teile auf die Widerlager der Brücke zurückgezogen. Jedes Frühjahr nach dem letzten Lawinenabgang erfolgt der Wiederaufbau der 36 m langen und 18 m hohen Stahlkonstruktion in umgekehrter Reihenfolge.

Das hier etwas breitere, baumlose Garschental besteht vorwiegend aus Wiesenhängen, die für die Alplandwirtschaft genutzt werden. Milchkühe und Rin-

Einige Tunnelportale können im Winter mit Holztoren verschlossen werden.
Some tunnel portals can be closed in winter with wooden gates.

The carefully done-up steam engines used here, built between the years 1892 to 1914, come from the Visp-Zermatt-Bahn (VZ) and the Furka-Oberalp-Bahn (FO). They bear the type designations HG 2/3 no. 6 and HG 3/4 no. 1, 4 and 9 as well as HG 4/4 Nr. 704 and 708. The two- and four-axle passenger coaches come from different metre gauge railways and have been restored in their own workshops, also through socage.
The ride on the historic trains usually begins in Realp on the east portal of the base tunnel, where the steam engines (smoke chamber ahead) are waiting for their passengers. After departure from Realp (1546 m), the train follows the course of the Furkareuss and leisurely climbs up in the double-lamella Abt rack system on the slope of a narrow ditch to the Tiefenbach crossing station (1849 m). The steam train passes through the three short Old Senntumstafel Tunnels and traverses the unusually constructed bridge crossing over the Steffenbach.
This three-part steel bridge erected in 1925, with its weight of 32 tons, can be taken away to protect against avalanches during the winter break. At the beginning of October, the hinged middle section is first folded down with rope winches. Then the lateral parts are pulled back onto the abutments of the bridge. Every spring, after the last avalanche, the rebuilding of the 36 m-long and 18 m-high steel structure takes place in reverse order.

The somewhat broader, treeless Garschen Valley consists mainly of meadow slopes, which are used for alpine agriculture. Dairy cows and cattle frolic on

der tummeln sich auf den blumenreichen Weiden. Bei der Alp Steinstafel rollt der Dampfzug über einen Naturstein-Viadukt mit fünf Mauerbögen.
Bald erreicht der Zug die Station Furka (2163 m), um nach einem Zwischenhalt den 1874 m langen Furka-Scheiteltunnel zu durchfahren. Nun wechselt die Strecke vom Kanton Uri in den Kanton Wallis und kommt bei der Kreuzungsstelle Muttbach-Belvédère (2120 m) wieder ins Freie. Hier türmt sich meist noch im August der Schnee neben den Gleisen meterhoch auf, während die Alpweiden in schönster Blütenpracht stehen. Beim Abstieg über eine bis 118 Promille steile Rampe zeigen sich rechts die von den Eismassen des Rhonegletschers glatt geschliffenen Felspartien. Der Gletscher selbst, der bei der ersten Fahrt des Glacier Express im Jahre 1930 noch fast bis an die Gleise reichte, ist inzwischen so weit abgetaut, dass er vom Zug aus gar nicht mehr zu sehen ist. Mit riesigen, auf dem Gletscher ausgebreiteten Wärmeschutztüchern wird inzwischen versucht, das Abtauen der 8 km langen und 2 km breiten Eismasse zu verlangsamen. Es wird allerdings damit gerechnet, dass der Rhonegletscher noch in diesem Jahrhundert vollständig verschwunden sein wird. Aus seinem Tauwasser entspringt der gleichnamige Fluss, dessen Wasser schäumend über die Felsen talwärts stürzt. Auch die Rhone wird zukünftig nur noch 30% der einstigen Wassermenge führen, was das Klima in ihrem Einzugsbereich wiederum nachhaltig verändern wird.
In Gletsch (1762 m) angekommen, wartet eine Kleinsiedlung mit einem geschützten Ortsbild und verschiedensten Sehenswürdigkeiten auf interes-

Wanderer halten vor dem sich zurückziehenden Rhonegletscher inne.
Hikers stop in front of the retreating Rhone Glacier.

the flowery meadows. At the Alp Steinstafel, the steam train rolls over a natural stone viaduct with five arches.
Soon the train arrives at Furka station (2163 m) and moves on after a stopover through the 1874 m-long Furka Summit Tunnel. Now the route changes from the canton of Uri to the canton of Valais and returns to the open air at the Muttbach-Belvédère intersection (2120 m). Still in August, the snow towers metre-high up next to the tracks, while the alpine pastures display their most beautiful blooms. On the descent down a steep ramp that is up to 118 per thousand, on the right you can see part of the rocks polished by the ice masses of the Rhone Glacier. The glacier itself, which almost reached the tracks on the Glacier Express' first trip in 1930, has in the meantime thawed so much that it can no longer be seen from the train. Huge, heat shield sheets spread over the glacier are an attempt to slow the thawing of the 8 km-long and 2 km-wide ice mass. However, it is expected that the Rhone Glacier will be completely gone within this century. The River Rhone rises from its thawing water and rushes down, foaming over the rocks in the valley. In the future, the Rhone will also only conduct 30% of the former amount of water, which in turn will sustainably change the climate in its catchment area.

Arriving in Gletsch (1762 m), a small settlement with a protected townscape and various attractions awaits interested visitors. The yellow postbuses also

In Gletsch schafft nur eine Brücke über die junge Rhone die Verbindung der Gleisanlagen mit dem Stationsgebäude.
In Gletsch, only a bridge over the young Rhone creates the connection between the tracks and the station building.

Die aus Vietnam zurückgeholte und restaurierte HG 3/4 1 („Furkahorn“, Bj. 1913) begegnet einem GEX in Oberwald.
The HG 3/4 1 („Furkahorn“, construction year 1913), brought back from Vietnam and restored, meets a GEX in Oberwald.

sierte Gäste. Hier halten auch die gelben Postbusse, um die Reisenden über den Grimselpass (Meiringen - Interlaken), über den Furkapass (Realp - Andermatt) oder nach Oberwald und über den Nufenenpass nach Airolo zu bringen.
Kurz nach der Abfahrt in Gletsch hat die Bahn in einem 578 m langen Kehrtunnel einen Gefällsbruch zu meistern. Mit 336 Grad Spiraldrehung, einem Kurvenradius von 80 Metern und 110 Promille Gefälle schraubt sich die Strecke im Fels zum prächtigen Rhoneviadukt hinunter. Dann folgt sie dem Hang, durchfährt ein Waldgebiet mit Lärchen und Zirbelkiefern und überquert auf der Lammenbrücke die Hauptstraße. Bald tauchen im Tal die ersten Gebäude des Dorfes Oberwald (1366 m) auf.
Kurz vor Ankunft im dort neu errichteten Bahnhof quert der Zug ein letztes Mal die Hauptstraße. Der Niveauübergang verfügt über eine international einzigartige Konstruktion, um die leicht über die Schienenoberkante ragenden Zahnstangensegmente außerhalb der Zugfahrten in den Straßenbelag absenken zu können.
Am Endpunkt der Furka-Bergstrecke in Oberwald starten in unmittelbarer Nachbarschaft die Anschlusszüge der MGB zur Weiterreise nach Brig und Visp oder Andermatt, Göschenen bzw. Disentis/Mustér und Chur. Durch den Furka-Basistunnel kann der Reisende innert rund 20 Minuten nach Realp zurückkehren.

Am Bahnhof Realp DFB hat der Dampfzug Richtung Gletsch und Oberwald Fototermin.
Photo session of the steam train with direction Gletsch and Oberwald at the station Realp DFB.

stop here to bring travellers over the Grimsel Pass (Meiringen–Interlaken), over the Furka Pass (Realp–Andermatt), or to Oberwald and over the Nufenen Pass to Airolo.

Shortly after leaving Gletsch, the train has to master an abrupt terrain jump in a 578 m-long spiral tunnel. With a twist of 336 degrees, a curve radius of 80 metres and 110 per thousand gradient, the track winds down in the rock to the magnificent Rhone Viaduct. It then follows the slope, passes through a forested area with larches and stone pines and crosses the main road on the Lammenbrücke. Soon the first buildings of the village Oberwald (1366 m) appear in the valley.
Shortly before arriving at the newly built station, the train crosses the main road one last time. The level crossing has an internationally unique construction for lowering the rack segments, which project slightly above the road surface when the train passes.

At the end of the Furka mountain route in Oberwald, the MGB connecting trains start in the immediate vicinity to continue on to Brig and Visp or Andermatt, Göschenen or Disentis/Mustér and Chur. The traveller can return to Realp via the Furka Base Tunnel within 20 minutes.

Exkurs
ANDERMATT

Andermatt (*rätoromanisch* „an der Wiese“) im Urserental („Tal des Bären“) liegt zentral auf 1436 m Höhe an der Reuss zwischen den Alpenpässen St. Gotthard, Oberalp und Furka. Schon die Römer nutzten diese Verbindungen aus dem Tessin nach Graubünden und ins Wallis. In dieser Region entspringen gleich vier bedeutende Flüsse: Rhein, Rotten/Rhone, Tessin und Reuss.

Die alemannischen Walser gründeten Andermatt Anfang des 13. Jahrhunderts.Sie bauten in den 1220er Jahren einen zum Teil am Hang aufgehängten Saumpfad namens Twärrenbrücke (twer=über) durch die Schöllenenschlucht, der im Jahre 1230 mit einer kühnen Holzbrücke (Stiebende Brugge/Stiebender Steg) über die Reuss ergänzt wurde. Diese Brücke wurde 1595 durch eine massive Gewölbebrücke mit dem Namen Teufelsbrücke ersetzt.

Einer Legende nach forderte der Teufel als Baumeister der Brücke von den Urnern, dass sie für den Bau mit der Seele des ersten, der die Brücke über-

Die alte Gotthard-Passstraße hat unzählige enge Kehren.
The old Gotthard pass road has countless narrow bends.

Excurs
ANDERMATT

Andermatt (*Romansh*, "at the meadow") in the Urseren Valley ("Valley of the Bear") is centrally located at an altitude of 1436 m on the Reuss between the alpine passes St Gotthard, Oberalp and Furka. Even the Romans used these connecting passes from Ticino to Grisons and Valais. Four important rivers have their source in this region: the Rhine, the Rotten/Rhone, the Ticino and the Reuss.

The Alemannic Walser founded Andermatt at the beginning of the 13th century. In the 1220s, they built a bridle path partly suspended on a slope called Twärrenbrücke (twer = over) through the Schöllenen Gorge, which was supplemented in 1230 with a bold wooden bridge (Stiebende Brugge/ Stiebender Steg) over the Reuss. This bridge was replaced in 1595 by a massive stone vault bridge with the name of Devil's Bridge.

According to a legend, as master builder of the bridge, the Devil demanded that the people of Uri had to pay for its construction with the soul of the first

Die „Gotthardpost" fährt im Sommer in ca. acht Stunden von Andermatt über den Pass nach Airolo.
In summer, the „Gotthardpost" rolls from Andermatt across the pass to Airolo in about eight hours.

Ein Regionalzug der FO durchquert die Schöllenenschlucht zwischen Andermatt und Göschenen.

querte, bezahlen mussten. Sie stimmten zu und schickten listig einen Ziegenbock über die Brücke.

Mit der Brücke wurde Andermatt zum bedeutensten Handels- und Transitort und erlangte 1649 die Unabhängigkeit vom Kloster Disentis. Nach dem Bau der dritten, bis heute erhaltenen Brücke in der Schöllenenschlucht von 1830, einer weiteren „Teufelsbrücke“, die die zweite Brücke von 1595 ersetzte, konnte man ab 1842 mit der Postkutsche von Göschenen durch Andermatt und über den Gotthardpass ins Tessin fahren. Heute wird diese ca. 8 Stunden dauernde Reise für historisch interessierte Touristen im Sommer täglich mit einer historischen Postkutsche („Gotthardpost“) angeboten.

Durch die Eröffnung des Gotthard-Eisenbahntunnels 1882 verlor Andermatt zum ersten Mal seine Bedeutung als Transitort, gewann sie aber in den 1960er Jahren mit dem zunehmenden Straßenverkehr über den Gotthardpass wieder zurück. Erst im September 1980 mit der Eröffnung des Gotthard-Straßentunnels wurde Andermatt endgültig vom europäischen Transitverkehr abgekoppelt. Wegen seiner militärstrategisch günstigen Lage ist Andermatt seit 1895 Garnisonstadt und bis heute Standort eines Waffenplatzes der Schweizer Armee für Gebirgsspezialisten.

Bereits Goethe fand im 18. Jahrhundert Gefallen am Urserental und an Andermatt. Im napoleonischen Krieg quartierte sich der russische General Alexander Suworow 1799 in einem hiesigen 1786 erbauten Wohnhaus ein, in welchem sich heute das besuchenswerte Talmuseum befindet. Das Suworow-Denkmal steht in der Schöllenschlucht nahe der Teufelsbrücke.

A regional train of the FO crosses the Schöllenen Gorge between Andermatt and Göschenen.

one who crossed the bridge. They agreed and cunningly sent a billy goat across the bridge.
Because of the bridge Andermatt became the most important trading and transit centre and in 1649 gained independence from the monastery of Disentis. After the construction of the third bridge in the Schöllenen Gorge in 1830, another "Devil's Bridge", which replaced the one built in 1595 and which has been preserved to this day, it was possible to travel from Göschenen through Andermatt and the Gotthard Pass to Ticino from 1842 onwards. Today, this approximately 8-hour journey by historic stagecoach ("Gotthardpost") is offered daily in the summer for tourists interested in history. With the opening of the Gotthard Railway Tunnel in 1882, Andermatt lost its importance as a transit centre for the first time but regained it in the 1960s with the increasing road traffic over the Gotthard Pass. Andermatt was finally decoupled from European transit traffic only in September 1980 with the opening of the Gotthard Road Tunnel. Because of its militarily strategic location, Andermatt has been a garrison town since 1895 and is still the location of a Swiss Army armoury for mountain specialists.

In the eighteenth-century, Goethe took pleasure in the Urseren Valley and Andermatt. During the Napoleonic Wars, the Russian general Alexander Suvorov quartered in a local (1786 built) residential building in 1799, where the visit-worthy Talmuseum is located today. The Suvorov monument stands nearby the Devil's Bridge in the Schöllenen Gorge.

Der Dorfkern von Andermatt wartet heute mit wunderschön erhaltenen Holzhäusern auf, die stets auf einem gemauerten Erdgeschoss errichtet wurden. Ins Auge fallen ebenfalls die Kolumbanskirche (13. Jahrhundert) und die barocke Kirche St. Peter und Paul (1601–1609).
Andermatt bietet für den Wintersport zwei Skigebiete um den Nätschen und den Gemsstock (2961 m) an, der mit Seilbahnen erreicht werden kann. Im Sommer sind Wanderungen aus dem Urserental auf die Berge beliebt, während andere Touristen es vorziehen, in den Bergseen zu fischen.
Das Museum Sasso San Gottardo mit der historischen Festung auf mehr als 2000 m Höhe kann individuell oder auch geführt mit unterschiedlichen Anforderungen an die körperliche Leistungsfähigkeit des Besuchers mehr oder weniger intensiv besichtigt werden. Im Inneren verbindet die Standseilbahn „Metro del Sasso", eine ehemalige Transportbahn, die Festung mit der Erlebniswelt Gotthard. Warme Kleidung für 8 bis 10°C und festes Schuhwerk sind unbedingte Voraussetzungen.
Seit 2007 verändert Andermatt zunehmend sein Aussehen und das Touristenklientel. Die Andermatt Swiss Alps AG, deren Aktienmehrheit der ägyptisch-montenegrinische Unternehmer Samih Sawiris besitzt, baut neben dem alten Dorfkern einen nicht unumstrittenen Touristenkomplex („Andermatt Swiss Alps Resort") auf einer ehemalig militärisch genutzten Fläche von 1,46 km^2.
Im Endzustand wird dieses ganzjährige Reiseziel sechs 4- und 5-Sterne-Hotels, 25 Châlets und 42 Häuser mit rund 500 Ferienwohnungen auf ähnlich luxuriösem Niveau, ein Kongresszentrum und einen 18-Loch-Golfplatz umfassen.

Die Teufelsbrücke am Eingang zur Schöllenenschlucht bietet einen idealen Blick auf die schäumende Reuss.
The Devil's Bridge at the entrance to the Schöllenen Gorge offers an ideal view of the foaming Reuss.

The village centre of Andermatt today offers beautifully preserved wooden houses that have always been built on a masoned ground floor. St Columb Church (13th century) and the Baroque Parish Church of St Peter and St Paul (1601–1609) are also eyecatching.
For winter sports, Andermatt offers two skiing areas around the Nätschen and the Gemsstock (2961 m), which can be reached by chair lift respectively cale car. In the summer, hiking from the Urseren Valley to the mountains is popular, while other tourists prefer to fish in the mountain lakes.
The Sasso San Gottardo Museum, with its historic fortress at an altitude of more than 2000 m, can be visited more or less intensively, either individually or guided, with different demands on the visitor according to his physical fitness. Inside, the cable car "Metro del Sasso", a former transport line, connects the fortress with the Gotthard Experience World. Warm clothes for 8 to 10°C and sturdy shoes are essential requirements.

Since 2007, Andermatt has been changing its appearance and tourist clientele. The Andermatt Swiss Alps AG, the majority of whose shares are owned by the Egyptian-Montenegrin entrepreneur Samih Sawiris, is building a not undisputed tourist complex ("Andermatt Swiss Alps") next to the old village centre on an area of 1.46 km^2 formerly used by the military.

Once complete, this year-round destination will comprise six hotels with 4- or 5-star ratings, 25 exclusive chalets and 42 buildings with about 500 holiday apartments on a similarly luxurious level, a conference centre and an 18-hole golf course.

Blick über Andermatt ins Urserental bis zum Furkapass
View over Andermatt into the Urserental up to the Furkapass

Dritte Etappe

ANDERMATT – DISENTIS

Hinter Andermatt beginnt für den Glacier Express der steile Aufstieg zum Oberalppass. Mit großen Kehren, der Zahnstange und einer Steigung von 110 Promille werden auf 10 Kilometern 600 Meter Höhenunterschied überwunden. Insbesondere jetzt zur Mittagszeit versucht der Lokführer, den Zug besonders sanft zu fahren. So können die am Sitzplatz offerierten Speisen stilvoll serviert werden. Der Ausschank der Getränke erfolgt in speziellen Gläsern mit schrägem Fuß, die trotz der Steigung von 110 Promille senkrecht stehen und das Verschütten des Inhalts vermeiden. Diese Schräggläser können im Zug als Souvenir käuflich erworben werden. Nach dem Essen erfolgt der Höhepunkt des Service, wenn der Oberkellner aus ca. 60 cm Höhe „Verdauerli" in Form von Grappa oder Williams bei fahrendem Zug zielsicher in die Gläser füllt.
Nach der Ausfahrt aus dem Bahnhof Andermatt folgt der Zug zunächst dem Tal der Alpreuss, an deren Hang wir mit 110 Promille Steigung sichtbar an Höhe gewinnen. Nach rund einem Kilometer erreichen wir den ersten Kehr-

Der GEX auf dem Val-Bugnei-Viadukt

Third stage
ANDERMATT – DISENTIS

Leaving Andermatt behind, the steep ascent to the Oberalp Pass begins for the Glacier Express. With large bends, the rack and a gradient of 110 per thousand, 600 metres in height difference are overcome over 10 kilometres. Especially now at lunchtime, the engine driver tries to drive particularly gently. This means that the food served at your seat can be done so with style. Beverages are served in special glasses with a slanted stem, which remain vertical despite the slope of 110 per thousand and avoid spilling their contents. These slanted glasses can be purchased as a souvenir on the train. After the meal, the highlight of the service is when the head waiter/waitress accurately fills the glasses with Grappa or Williams from a height of about 60 cm while the train is in motion. This alcoholic treat is called "Verdauerli".
After leaving Andermatt station, the train first follows the valley of the Alpreuss, on the slope of which we gain visible height with a gradient of 110 per thousand. After about one kilometre, we reach the first hairpin bend tun-

The GEX on the Val Bugnei Viaduct

Der GEX überwindet die steile Serpentinenstrecke zwischen Andermatt und Nätschen mit Hilfe der Zahnstange.
The GEX overcomes the steep serpentine route between Andermatt and Nätschen with the help of the rack.

tunnel, den 206 m langen Schleifentunnel Butzen, in dem der Zug eine 180°-Linkskurve durchquert und danach eigentlich wieder zurückfährt, allerdings eine Etage höher. Nun haben wir nach links einen ersten Blick von oben auf das tief im Tal liegende Andermatt. Nach dem Passieren des zweiten Kehrtunnels, des Schleifentunnels Grindt (330 m), können die Fahrgäste am rechten Fenster denselben Ausblick genießen, allerdings von einer noch höheren Ebene. Danach folgt der dritte Schleifentunnel namens Rufenen (300 m), und nun haben wir wieder nach links den Ausblick ins Tal der Reuss. Hinter der vierten Kehre, die ohne Tunnel offen in den Wiesen trassiert ist, endet die Zahnstange und damit auch die Steilstrecke. Wir erreichen nun auf einer Höhe von rund 1800 m das baumlose Tal der Oberalpreuss. Nach 8-minütiger weiter ansteigender Fahrt durch die Wiesen eröffnet sich nach rechts der Blick auf den Oberalpsee. Die Strecke ist gemeinsam mit der Passstraße unmittelbar am Ufer trassiert.
Umfangreiche Lawinenverbauungen schützen die Gleise und erlauben so einen ganzjährigen Betrieb der Strecke, während die Straße über den Oberalppass im Winter geschlossen wird. Am Ende des Sees erreichen wir den Bahnhof Oberalppass. Hier haben wir den höchsten Punkt unserer Reise erlangt. Wir befinden uns auf 2033 m über dem Meeresspiegel.
Hinter dem anschließenden Tunnel Calmot erreichen wir das Tal des Rain Anteriur, einem der zahlreichen Quellflüsse des Rheins. Aus dem rechten Zugfenster können wir in das tief eingeschnittene Tal sehen, während wir an dem längsten Zahnstangenabschnitt unserer Reise (Länge: 6488 m) mit einem Gefälle von 110 Promille ständig an Höhe verlieren.

Erhöhter Blick aus dem Zug auf Andermatt und das Urserental
Raised view from the train to Andermatt and the Urseren Valley

nel, the 206 m-long Schleifentunnel Butzen, in which the train makes a 180° left turn and then drives in the opposite direction, but one floor higher. On our left, we now have a first glimpse onto Andermatt, lying low in the valley. After passing through the second hairpin bend tunnel, the Schleifentunnel Grindt (330 m), passengers can enjoy the same view from the right-hand window, but from an even higher level. Then follows the third hairpin bend tunnel named Rufenen (300 m), and now we have the view into the valley of the Reuss on the left again. Behind the fourth bend, which is out in the open in the meadows without a tunnel, the rack and thus the steep section ends. At an altitude of around 1800 m, we now reach the treeless valley of the Oberalpreuss. After 8 minutes' drive further uphill through the meadows, a view of the Oberalpsee opens to the right. The route is traced out together with the mountain pass directly onto the edge of the lake.

Extensive avalanche barriers protect the tracks and thus permit all-season operation of the route, while the road over the Oberalp Pass is closed in winter. At the end of the lake we reach the station Oberalppass, the highest point of our journey at 2033 m above sea level.

After the subsequent Calmot Tunnel, we reach the valley of the Anterior Rhine, one of the Rhine's numerous source rivers. From the right-hand train window we can see the deeply cut valley, while at the longest rack section of our journey (length: 6488 m), we constantly lose height with a gradient of 110 per thousand.

Picknick am Oberalpsee

Picnic at the Oberalpsee

Rechtsseitig hoch oben auf 2345 m liegt der auf Wanderwegen erreichbare Tomasee/Lai da Tuma. Dort hängt ein Schild mit der Aufschrift „Rheinquelle – 1320 km bis zur Mündung“ (in die Nordsee). Diese Lage der Rheinquelle ist aber umstritten, da es in dieser Region Quellen gibt, die höher liegen, mehr Wasser führen und weiter von der Rheinmündung entfernt liegen.

Ohne Halt passieren wir das Wintersportzentrum Sedrun (1402 m), den Hauptort des Tujetsch. Genau unter dem Ort verlaufen in einer Tiefe von 800 m die beiden Röhren des 2016 eröffneten Gotthard-Basistunnels, der mit einer Länge von 57,1 km als der derzeit längste Tunnel der Welt gilt. In Sedrun gab es in der Bauzeit einen sogenannten Zwischenangriff, d.h. von hier aus wurde der Tunnel in Richtung seiner beiden Portale vorgetrieben. Die beiden in diesem Rahmen abgeteuften Schächte sind heute mit den weltweit längsten Fahrstühlen ausgestattet und dienen nur noch als Notausstieg. Es war sogar geplant, einen Haltepunkt namens Porta Alpina mit planmäßigem Ein- und Ausstieg in 800 m Tiefe zu errichten, was aber insbesondere wegen der hohen Kosten scheiterte. Da auch in der Bauphase kein Lkw-Verkehr zur Baustelle zugelassen war, wurde eigens eine aufwändige schmalspurige Anschlussstrecke mit Tunnel und einer Talbrücke zum Transport von Abraum und Baustoffen gebaut, deren Abzweig wir ca. zwei Minuten nach dem Bahnhof passieren.
Schon mehrere Kilometer vor Disentis taucht das mächtige Kloster beim Blick in Fahrtrichtung mal am linken und mal am rechten Zugfenster auf, bis der Gacier Express davon rund 100 m entfernt im Bahnhof Disentis für 10 bis 15 Minuten anhält.

800 m unterhalb von Sedrun befindet sich im Gotthard-Basistunnel eine Multifunktionsstelle mit Nothaltestelle und Rettungsschacht.
In the Gotthard Base Tunnel, 800 m below Sedrun, a multi-function point with emergency stop and rescue shaft is located.

Der GEX auf dem Val-Giuv-Viadukt bei Dieni
The GEX on the Val Giuv Viaduct at Dieni

On the right-hand side, high up at an altitude of 2345 m, lies Lake Toma (Lai da Tuma), which can be reached on hiking trails. There is a sign with the inscription "Source of the Rhine – 1320 km to the mouth" (in the North Sea). This location of the source of the Rhine is controversial, however, as there are sources in this region that are higher, conduct more water and are further away from the mouth of the Rhine.
Without stopping, we pass the winter sports centre Sedrun (1402 m), the main town of the Tujetsch. The two tubes of the Gotthard Base Tunnel, opened in 2016, run just below the village at a depth of 800 m. With a length of 57.1 km, it is currently the world's longest traffic tunnel. In Sedrun, there was a so-called "intermediate attack" during the construction period, i.e. from here the tunnel was jacked in the direction of its two portals. The two shafts that are sunk for this project today are equipped with the world's longest lifts and are now only used as an emergency exit. There was even a plan to build a station called Porta Alpina with entry and exit at a depth of 800 m, but this failed especially because of the high cost. Since no lorry traffic was permitted to the building site during the construction phase, a lavish narrow-gauge connecting track with a tunnel and a viaduct was specially built to transport excavated and building materials. We pass the branch line about two minutes after passing the station.

Already several kilometres before Disentis, the mighty monastery appears on the left and sometimes in the right train window when looking in the direction of travel, until the Glacier Express stops about 100 m away from it at Disentis station for 10 to 15 minutes.

Exkurs
DISENTIS

In Disentis hat der Glacier Express 10 bis 15 Minuten Aufenthalt. Hier auf etwa der halben Strecke zwischen Zermatt und St. Moritz wechselt die für die Betriebsführung verantwortliche Bahngesellschaft. Statt der Matterhorn Gotthard Bahn (MGB) werden wir nun bis zum Ziel auf den Gleisen der Rhätischen Bahn (RhB) weiterfahren. Deshalb bekommt unser Zug auch eine neue Lokomotive. Dabei handelt es sich meist um eine moderne Ge $4/4^{III}$ aus den 1990er Jahren. Gelegentlich wird der Glacier Express noch von einer älteren Ge $4/4^{II}$ (Baujahre 1973 und 1984/85) bespannt, die an dem Wappen von Graubünden an der Front erkennbar ist. Beide Lokomotivtypen besitzen kein Zahnrad, denn auf dem gesamten Streckennetz der Rhätischen Bahn und damit auch auf der Reststrecke des Glacier Express gibt es keine Zahnstangenabschnitte.
Dem Fahrgast fällt sofort der Doppelname des Bahnhofs Disentis/Mustér auf. Der deutsche Name des Ortes Disentis leitet sich vom lateinischen desertina = Einöde/Wüste ab und war zunächst alleiniger Bahnhofsname. Nach-

Der Bahnhof von Disentis/Mustér liegt direkt unterhalb des mächtigen Klosters
The station of Disentis/Mustér is located directly below the mighty monastery

Excursus
DISENTIS

The Glacier Express stops in Disentis for around 10 to 15 minutes. Here, about halfway between Zermatt and St Moritz, the railway company responsible for operations changes. Instead of the Matterhorn Gotthard Bahn (MGB), we will continue our journey to the terminus on Rhaetian Railway (Rhätische Bahn, RhB) tracks. That's why our train also gets a new engine. It is mostly a modern Ge $4/4^{III}$ from the 1990s. Rarely, the Glacier Express is still pulled by an older Ge $4/4^{II}$ (built in 1973 and 1984/85), which can be identified by its coat of arms of Graubünden at the front. Both types of engines have no cogwheel, because there are no rack sections on the entire route network of the Rhaetian Railway and thus also none on the remaining stretch for the Glacier Express.

The passenger immediately notices the double name of Disentis/Mustér station. The German place name, Disentis, derives from the Latin *desertina* = wasteland or desert, and was initially the sole station name. After Rhaeto-Ro-

Kirchliche Pracht in der barocken Klosterkirche St. Martin
Church splendor in the Baroque monastery church of St Martin

Die gewaltige Klosteranlage lässt sich hervorragend aus dem Zug heraus bewundern.

dem 1938 Rätoromanisch offiziell zur vierten Landessprache der Schweiz geworden war, wurde dem deutschen Bahnhofsnamen der rätoromanische Name Mustér, abgeleitet vom lateinischen monasterium (= Kloster), hinzugefügt. Disentis ist übrigens die größte rätoromanischsprachige Gemeinde der Schweiz. Hierhin sollen erste deutsche Wörter vorwiegend aus dem Bahnbereich durch das von der Bahn mitgebrachte Personal verbreitet worden sein. Außerdem ist Disentis durch den einstigen auch weltlichen Einflussbereich seines Klosters über die obere Surselva bis zeitweise zur Lombardei und über das Urserental Hauptort des Cadi (abgel. von Casa Dei = Haus Gottes).

Bereits im 8. Jahrhundert hatte der fränkische Wandermönch Sigisbert, unterstützt vom einheimischen Mönch Placidus, hier eine Klause errichtet, und zwar gegen den Willen des Landesherrn, der Placidus ermorden ließ.

The huge monastery complex can be admired excellently out of the train.

manic officially became the fourth national language in Switzerland in 1938, the German station name was extended with the Romansh name Mustér, derived from the Latin *monasterium* (= monastery). By the way, Disentis is the largest Romansh-speaking community in Switzerland. Here, the first German words will have been spread mainly by the staff of the new railway line with reference to technical railway language. In addition, Disentis is, due to the former secular sphere of influence of its monastery on the upper Surselva at times reaching to Lombardy and the Urseren Valley, capital of the Cadi (from Casa Dei = House of God).

In the 8th century, the Franconian wandering monk Sigisbert, supported by the native monk Placidus, had already built a hermitage here against the will of the sovereign, who had Placidus murdered. Above the graves of the two

Über den Gräbern der beiden seelig gesprochenen Märtyrer ließ der Bischof um 720 ein Benediktinerkloster errichten, welches 940 von Sarazenen zerstört wurde. Die Abtei wurde durch von der Flucht zurückgekehrte Mönche wieder ausgebaut. Über den Lukmanierpass, zu dessen Hütern die Mönche erklärt wurden, reisten die deutschen Kaiser in ihre italienischen Reichsteile. 1048 erhielt das Kloster Reichsunmittelbarkeit und Reichsfürstenwürde. Die Äbte des Klosterstaates Cadi waren Reichsfürsten und federführend bei der Gründung des grauen Bundes sowie des späteren Kantons Graubünden. Im 17. Jahrhundert entstand eine neue barocke Klosteranlage mit der Klosterkirche St. Martin (geweiht 1712), die neben dem gesamten Dorf 1799 von den Franzosen zerstört wurde. Erst gegen Ende des 19. Jahrhunderts wurde die Klosteranlage restauriert. Zum heutigen Kloster, in dem noch um die 30 Mönche leben, gehören die Kirche St. Martin mit neun vergoldeten Altären und imposanten Deckengemälden sowie die Marienkirche, ein 1880 als älteste Schule des Kantons Graubünden eingerichtetes Gymnasium mit angeschlossenem Internat und ein Klostermuseum. Das Kloster ist die älteste Schweizer Benediktinerabtei.
Disentis zentrale Lage am Lukmanierpass verlor durch die Erschließung des Gotthards im 13. Jahrhundert an Bedeutung. Disentis, durch seine ehemalige Radonquelle S. Placidus einst Kurort, bietet dem Touristen heutzutage im Sommer an die 150 km Wanderwege, Tennis und Golf sowie im Winter 30 km Loipen u.a. im Skigebiet Disentis 3000.

Seitenblick auf das Benediktinerkloster
Side view of the Benedictine monastery

martyrs, the bishop had a Benedictine monastery built around 720, which was destroyed by Saracens in 940. The abbey was rebuilt by monks returning from their escape. Over the Lukmanier Pass, of which the monks were declared keepers, the German emperors travelled to the Italian parts of their empire. In 1048, the monastery received imperial immediacy and honours of the imperial prince. The abbots from the monastery state of Cadi were imperial princes and in charge of founding the Grey League and the later canton of Graubünden (Grisons). In the 17th century, a new Baroque abbey complex was built with the Minster of St Martin, consecrated in 1712, which was destroyed alongside the entire village by the French in 1799. It was not until the end of the 19th century that the monastery complex was restored. Today's monastery, where around 30 monks still live, includes the Church of St Martin with nine gilded altars and imposing ceiling paintings and the Marienkirche (Church of Our Lady), a grammar school established in 1880 as the oldest school in the canton of Graubünden with a boarding school and a monastery museum. The monastery is the oldest Swiss Benedictine abbey.

Disentis' central location on the Lukmanier Pass lost its importance due to exploitation of the Gotthard in the 13th century. Disentis, once a health resort thanks to its former radon source, S. Placidus, today offers tourists 150 km of hiking trails, tennis and golf in the summer, as well as 30 km of cross-country trails in the winter – among others in the skiing area Disentis 3000.

Der Wechsel der Bahngesellschaft erfordert in Disentis einen Lokwechsel.
The change of the railway company requires an engine change in Disentis.

Vierte Etappe
DISENTIS – CHUR

Nach der Abfahrt in Disentis haben wir links hinten noch einmal einen Ausblick auf Disentis und das Kloster. In den nächsten 15 Minuten fahren wir durch die Wiesen am Berghang des Vorderrheintals entlang. Zunächst können wir aus dem rechten Fenster auf den tief eingeschnittenen Fluss blicken. Unser Zug verliert aber ständig an Höhe. Bereits in Trun haben wir nach unzähligen S-Kurven den Talboden erreicht, auf dem wir bis Chur bleiben. Zunächst rechts und später nach der Flussbrücke bei Tavanasa links kommt der Vorderrhein mit seinem wilden, mit Felsblöcken belegten Flussbett abschnittsweise bis an die Gleise heran. Vier Kilometer hinter Ilanz, eine gute halbe Stunde nach der Abfahrt in Disentis, tauchen am linken Fenster erste weiße Felsen auf, und das Tal wird enger. Dies sind die Vorboten des nächsten Höhepunkts der Reise. Auf den kommenden 13 km durchqueren wir die Ruinaulta (Rheinschlucht), eine bis zu 400 Meter tiefe Schlucht mit steilen Kalksteinklippen und imposanten Felsformationen. Vor ungefähr 10 Tausend Jahren, nach der letzten Eiszeit, wurde Europas größter erdgeschichtlicher Bergsturz („Flimser

Der GEX in der Rheinschlucht zwischen Reichenau-Tamins und Ilanz
The GEX in the Rhine Gorge between Reichenau-Tamins and Ilanz

Fourth stage
DISENTIS – CHUR

After departure from Disentis, we once again have a view onto Disentis and the monastery to the left behind us. In the next 15 minutes we drive through the meadows along the mountainside of the Vorderrhein (Anterior Rhine) Valley. First, we can look out of the right window at the deep-cut river. Our train is constantly losing altitude. In Trun, after countless S-bends, we reach the bottom of the valley, where we stay until Chur. First right and then left after the river bridge at Tavanasa comes the Anterior Rhine with its wild, boulder-strewn riverbed in sections up to the tracks. Four kilometres past Ilanz, a good half-hour after departing Disentis, white rocks appear in the left window at first and the valley narrows. These are the heralds of the next highlight of the journey. On the next 13 km we cross the Ruinaulta (Rhine Gorge), a canyon up to 400 metres deep with steep limestone cliffs and imposing rock formations. About 10 thousand years ago after the last Ice Age, Europe's largest geological rock fall (the "Flims rockslide") was triggered, in which 15 billion m^3 of rock slipped off the current Flimserstein.

Eine stolze Lok der Serie Ge 4/4^{III} mit UNESCO-Welterbe-Lackierung zieht den GEX durch das Vorderrheintal bei Disentis
A proud engine of the series Ge 4 / 4^{III} with UNESCO World Heritage paint pulls the GEX through the Vorderrheintal at Disentis

Ein ungewöhnlich langer Regionalzug am Nordhang des Vorderrheintals bei Trun

Bergsturz") ausgelöst, bei dem 15 Milliarden m^3 Gestein vom heutigen Flimserstein abrutschten. Der Vorderrhein wurde dadurch großräumig aufgestaut und musste sich durch das Geröll einen neuen Weg suchen. Die so über viele Tausend Jahre entstandene Schlucht, der Grand Canyon der Schweiz, ist heute eine beliebte Strecke für River-Raftingtouren.

Keine Straße führt durch dieses schroffe Tal, nur der Rhein und die Bahn winden sich exklusiv durch die steil aufsteigenden weißen Felsen. Besonders auf diesem Streckenabschnitt lernen wir die Vorzüge der Dachverglasung der Panoramawagen zu schätzen. Bequem vom Sitzplatz aus können wir durch die schrägen Scheiben die ganze Höhe der weißen Klippen bewundern. Zunächst können die Fahrgäste auf der linken Seite auf den hier vielfach hellgrün schimmerden Vorderhein blicken. Hinter dem Bahnhof Versam-Safien und dem folgenden Chrummwag Tunnel, dort, wo das Tal am schönsten ist, wechselt der Zug die Talseite, und nun haben gerechterweise die Fahrgäste auf der rechten Seite die schönere Aussicht. Hier unten in der unbewohnten Schlucht gibt es sogar Bahnhöfe. Wir durchfahren die Stationen Valendas-Sagogn, Versam-Safien und Trin. Die namensgebenden Ortschaften liegen mehrere hundert Meter oberhalb am Rande der Schlucht und sind nur über Serpentinenstraßen erreichbar. Dennoch halten hier die stündlich verkehrenden RegioExpress, und an allen Stationen können sich die Züge begegnen.

A long regional train on the northern slope of the Anterior Rhine Valley near Trun

The Anterior Rhine was thereby dammed up and had to search for a new way through the scree. The gorge developed like that over thousands of years to become the "Swiss Grand Canyon" and is today a popular route for river rafting tours.

No road leads through this rugged valley; only the Rhine and the railway wind themselves exclusively through the steeply rising white rocks. Especially on this stretch of the route, we learn to appreciate the advantages of the panoramic carriages' roof glazing. From our seat, we can comfortably admire the whole height of the white cliffs through the oblique windowpanes. First, passengers can look on the left side on the often bright-green shimmering Anterior Rhine. After Versam-Safien train station and the following Chrummwag Tunnel, where the valley is most beautiful, the train changes sides in the valley, and now, rightfully, passengers on the right have the more beautiful view. There are even train stations down here in the uninhabited gorge. We pass the stations Valendas-Sagogn, Versam-Safien and Trin. The eponymous villages are several hundred metres above the edge of the gorge and are only accessible via serpentine roads. Nevertheless, hourly RegioExpress stop here, and the trains can meet an opposite train at all stations.

Nur wenige Minuten nach dem Verlassen der Schlucht erreichen wir Reichenau-Tamins. Schloss Reichenau am alten Rheinübergang, 1617 erbaut und 1820 in einen klassizistischen Bau umgewandelt, befindet sich in 7. Generation im Familienbesitz und lädt zur Besichtigung ein. Am Fuße des Schlosses Reichenau treffen und vereinigen sich Vorder- und Hinterrhein zum Alpenrhein sowie die Bahnlinien von Brig und St. Moritz zu einer gemeinsamen, doppelspurigen Strecke nach Chur. In das südliche Gleis ist ab Domat/Ems eine dritte Schiene integriert, um normalspurige Güterwagen den umfangreichen Industrieanlagen der Ems-Chemie zuführen zu können. Wegen des Linksverkehrs auf den schweizerischen Bahnstrecken sehen wir das Dreischienengleis nur bei der Fahrt in Richtung Chur aus dem rechten Fenster. Nach sechs Minuten schneller Fahrt durch das breite, industriereiche Tal erreichen wir Chur an der Plessur, den mit einer Höhe von 584 m tiefsten Punkt der Reise.
Bis hierher, zur Hauptstadt des Kantons Graubünden, reichen von Norden her die Normalspurgleise der Schweizerischen Bundesbahnen (SBB). Anschlusszüge fahren vom Hauptbahnhof in dichter Folge weiter durch das Tal des Alpenrheins zum Bodensee und auf einer anderen Strecke am Walensee entlang nach Zürich. Dabei durchqueren sie das „Heidiland". „Das" Schweizer „Heidi" aus dem weltberühmten Kinderbuch der Schweizerin Johanna Spyri (1827–1901) spielt u.a. im Heididorf Maienfeld, wo es auch ein entsprechendes Museum, das Heidihaus, gibt. Auch ein Erwachsener kann das Heimweh von Heidi nach den geliebten Bergen nachvollziehen. Der Begriff „Heimweh" kommt nicht grundlos aus dem Schweizer Dialekt und bezeichnete zunächst eine typische Schweizer Krankheit.
In Chur hat der Glacier Express rund eine Viertelstunde Aufenthalt.

Schloss Reichenau an der Straßenbrücke über den Rhein
Reichenau Castle on the road bridge over the Rhine

Der GEX wechselt auf der Isla-Bella-Brücke zwischen Trin und Versam die Rheinseite.
The GEX changes the Rhine side on the Isla Bella bridge between Trin and Versam.

Only a few minutes after leaving the gorge, we reach Reichenau-Tamins. Reichenau Castle on the old Rhine crossing, built in 1617 and changed into a classicist building in 1820, is owned by the 7th generation of the family and invites you to visit. At the foot of Reichenau Castle, the Anterior and the Posterior Rhine meet and merge into the Alpine Rhine (Alpenrhein) as the railway lines of Brig and St Moritz merge into a joint, double-track line to Chur. A third rail has been integrated into the southern track from Domat/ Ems in order to be able to supply standard-gauge freight wagons to Ems Chemicals' extensive industrial plants. Because of the left-hand traffic on Swiss railway lines, we see the three-rail track only if driving in the direction of Chur from the right window. After a quick six-minute drive through the wide, industrial valley, we reach Chur on the Plessur, the deepest point of the journey at an altitude of 584 m above sea level.

The normal-gauge railway line of the Swiss Federal Railways (Schweizer Bundesbahnen, SBB) reaches from the north up to here, to the capital of the canton of Graubünden (Grisons). Connecting trains run from the main station in a row through the valley of the Alpine Rhine to Lake Constance and on another route along Lake Walen (Walensee) to Zurich. They therefore cross "Heidiland". "Heidi", the world-famous children's book by Johanna Spyri (1827–1901), takes place, among others, in Heididorf Maienfeld, where there is also a corresponding museum, the Heidihaus. Even an adult can understand Heidi's homesickness (Heimweh) for her beloved mountains. The term "Heimweh" comes not without reason from Swiss dialect and initially referred to a typical Swiss disease.
In Chur, the Glacier Express stops for about a quarter of an hour.

Exkurs
CHUR

Chur ist die Hauptstadt Graubündens, des größten Kantons der Schweiz. Das Wappen des Kantons besteht aus den Elementen der drei Wappen der alten Drei Bünde: Der Graue Bund (=Graubünden; Schild in halb dunkelgrau und halb weiß gespalten), der Steinbock als Emblem des Gotteshausbundes und als Wappentier der Bischöfe von Chur und der Zehngerichtebund (geviertes Kreuz in gold und blau aus dem Prättigau mit Davos und Arosa).

Wenn eine Lok des Typs Ge4/4^{II} den Glacier Express zieht, können wir dieses Wappen auf ihrer Front erkennen.
In Graubünden werden mit Deutsch (ca. 73%), Rätoromanisch (ca. 15%) und Italienisch (ca. 12%) als einzigem Kanton drei Sprachen gesprochen.
Chur liegt geschützt im fruchtbaren Teil des Rheintals auf 585 m unterhalb des Calanda, des Hausbergs Churs. Er war übrigens Namensgeber für die

Die Churer Altstadt mit Kathedrale, Bischöflichem Hof und Martinskirche
The old town of Chur with cathedral, Bishop's Court and St Martin's Church

Excursus CHUR

Chur is the capital of Graubünden, the largest canton in Switzerland. The canton's coat of arms is composed of elements in the Three Leagues' three coats of arms: the Grey League (= Graubünden/Grisons, a shield divided half in dark grey and half in white), the ibex as an emblem of the League of God's House and the coat of arms of the bishops of Chur, and the League of the Ten Jurisdictions (a quatered cross in gold and blue from the Prättigau with Davos and Arosa).
If an engine of the type Ge $4/4^{II}$ pulls the Glacier Express, we can see this coat of arms on her front.
Graubünden is the only canton where three languages are spoken: German (about 73%), Romansh (about 15%) and Italian (about 12%).
Chur lies protected in the fertile part of the Rhine Valley at an altitude of 585 m below the Calanda, the mountain local to Chur. Incidentally, the only

Doppelgarnitur des Glacier-Express im Bahnhof Chur
Double set of the Glacier Express at Chur station

einzige Großbrauerei Graubündens. Calanda Bier wird auch im Glacier Express neben Heineken Bier ausgeschenkt. Die Brauerei Calanda gehört heute zur Heineken Gruppe.
Chur blickt auf eine über 5000-jährige Geschichte zurück und ist damit die älteste Stadt der Schweiz. Ihre Bedeutung erlangte sie als zentraler Standort auf der Transitroute. Heute ist sie Hauptsitz der RhB.
Die Pause des Glacier Express in Chur könnte man nutzen, um der Chocolaterie und Confiserie Maron mit angeschlossenem Café am Bahnhofplatz einen kurzen Besuch abzustatten. Dort kann man süße Souvenirs erwerben, z.B. die berühmten Glücksbringer Churer Scherben aus Nougat, die Khurer Küsse in Herzform, Bündner Steinböckli zusammen mit dem Churer Stadtsiegel in einer Geschenkschachtel, Churer Pfirsichsteine aus Marzipan, Bündner Birnbrot und die berühmte Bündner Nusstorte in einer Schellen-Ursli-Schachtel. „Schellen Ursli" ist ein berühmtes Schweizer Kinderbuch (1945) der Kindergärtnerin Selina Chönz (1910–2000) und des Künstlers Alois Carigiet (1902–1985).
Wer in Chur länger verweilen will, findet im Churtourismus am Bahnhofplatz mit Stadtplan, einem Audioguide und einer MP3-Datei zum Download passende Informationen für eine Besichtigung der Altstadt, welche von hier aus fußläufig zu erreichen ist.
Auf dem Bahnhofplatz befinden sich die drei neuesten von insgesamt über 35 Brunnen der Stadt. Allein in der Altstadt gibt es zwei Dutzend Brunnen, die allesamt von sogenannten Waschweibern geputzt werden. Es macht

Der Churer Bahnhof nach seinem kompletten Umbau im Jahre 2008
The station of Chur after its complete renovation in 2008

Der Torturm mit seinem Eingang zum Bischöflichen Hof mit Bischöflichem Schloss und Kathedrale
The Torturm (gate tower) with its entrance to the Bishop's Court with Bishop's Palace and cathedral

major brewery in Graubünden was named after it. Calanda beer is also served on the Glacier Express alongside Heineken. Calanda Brewery is today part of the Heineken Group.
Chur looks back on more than 5,000 years of history, making it the oldest town in Switzerland. Its importance was achieved through being a central location on the transit route. Today it is the headquarters of the RhB.
The Glacier Express' break in Chur could be used to pay a short visit to Chocolaterie and Confiserie Maron with a café at Station Square (Bahnhofplatz). There you can buy sweet souvenirs, e.g. the famous lucky charms Churer Scherben made of nougat, Khurer kisses in a heart shape, Grisons Steinböckli with the Chur city seal in a gift box, Chur peach pits made of marzipan, Grisons pear bread and the famous Grisons nut cake in a Schellen-Ursli box. *Schellen-Ursli* is a famous Swiss children's book (1945) by kindergarten teacher Selina Chönz (1910–2000) and artist Alois Carigiet (1902–1985).
If you want to stay longer in Chur, you'll find suitable information at the tourist office at Station Square for a visit to the old town, which is within walking distance from here, in the form of a city map, an audio guide and an MP3 file to download.

There are three of the newest of a total of over 35 city fountains at Station Square. In the old town alone, there are two dozen wells, all of which are cleaned by so-called washerwomen. It's a pleasure to discover Chur fountain

Freude, Chur von Brunnen zu Brunnen zu entdecken. Der größte und schönste Platz der Churer Altstadt, der Arcas, wird ebenfalls von einem prächtigen Brunnen geschmückt.
Im Süden der Altstadt erblickt man den Fluss Plessur. Oberhalb der Plessur am Hang befindet sich der Bischöfliche Hof, welcher 451 als erster Bischofssitz nördlich der Alpen errichtet wurde, zusammen mit der spätromanischen Kathedrale St. Mariä Himmelfahrt.
Dem Museumsfreund ist das Bündner Kunstmuseum an der Bahnhofstrasse zu empfehlen, in dem Bündner Kunstwerke von der Romantik bis zur Moderne ausgestellt sind. Hier finden sich neben Werken von Giovanni Segantini, der Künstlerfamilie Giacometti, Ferdinand Hodler und des deutschen Expressionisten Ernst Ludwig Kirchner Gemälde einer der ersten Malerinnen überhaupt, der in Chur geborenen Angelica Kauffmann (1741–1807). Deren Geburtshaus kann in der Reichsgasse 57 besichtigt werden, wo ein Caféstübli mit angeschlossenem Lädeli den Besuch abrundet.
Nahe der Rheinquelle in den Alpen wächst rund um Chur bis Fläsch und der Region der Fünf Dörfer der erste Wein vom Rhein, der Churer Herrschäftler. Ein 40 km langer Weinwanderweg von Chur nach Fläsch oder nach Bad Ragaz sei dem Wander- und Weinliebhaber zu empfehlen. Schon die ersten Churer Bischöfe schätzten den Churer Schiller direkt von den Weinbergen des Bistums an der Churer Altstadt als Messwein.

In der Kathedrale St. Mariä Himmelfahrt
In the Cathedral of the Assumption of Mary

to fountain. The largest and most beautiful square in Chur's old town, the Arcas, is also adorned by a magnificent fountain.

To the south of the old town you can see the river Plessur. Above the Plessur on a slope is the Episcopal Court, which was built in 451 as the first bishop seat north of the Alps, together with the late Romanesque Cathedral of the Assumption of Mary.
The museum enthusiast is recommended to visit the Bündner Kunstmuseum on Bahnhofstrasse, where artworks by Grisons residents from the Romantic period to modern art are exhibited. Here, in addition to works by the Italian Giovanni Segantini, the artist family Giacometti, Ferdinand Hodler and the German expressionist Ernst Ludwig Kirchner, paintings by one of the first ever female painters, Chur-born Angelica Kauffmann (1741–1807), are found. Her birthplace can be visited at Reichsgasse 57, where a cafeteria with a Lädeli round off the visit.
Near the source of the Rhine in the Alps, the first wine from the Rhine, the Churer Herrschäftler, grows around Chur up to Fläsch and the region of the Five Villages. A 40 km-long wine trail from Chur to Fläsch or Bad Ragaz is recommended for hikers and oenophiles. The first bishops of Chur prized Churer Schiller directly from the diocese vineyards in the old town of Chur as communion wine.

Flaggen und Wappen zieren die Churer Einkaufsmeile.
Flags and coats of arms adorn the Churer shopping mile.

Ausflug nach AROSA

Nur eine steile, serpentinenreiche Straße und die Schmalspurstrecke der Rhätischen Bahn führen in den abseits gelegenen Ferienort Arosa.
Das erste Teilstück der Arosa-Bahn führt in Chur straßenbahnähnlich trassiert durch die Stadt entlang der mittelalterlichen Altstadt mit ihrer 800 Jahre alten Kathedrale. Danach verläuft die Trasse stets parallel zum Flusslauf der Plessur durch das Schanfigger Tal. Die urtümliche und schroffe Landschaft mit malerischen Bauerndörfern und interessanten Gesteinsformationen erfordert zahlreiche Kunstbauten, u.a. 21 Tunnel und 41 Brücken.

Regionalzug der Arosabahn auf dem 62 m hohen Langwieser Viadukt

Excursion to
AROSA

Only a steep, serpentine road and the narrow-gauge line of the Rhaetian Railway lead to the remote resort of Arosa.
The first section of the Arosa Railway runs in Chur on a tramway-like route through the city along the mediaeval old town with its 800-year-old cathedral. Thereafter, the route always runs parallel to the course of the River Plessur through the Schanfigg Valley. The pristine and rugged landscape with picturesque farming villages and interesting rock formations requires numerous civil engineering structures, including 21 tunnels and 41 bridges.

Regional train of the Arosa railway on the 62 m high Langwieser Viaduct

Auf der Tschuggenhütte am Weisshorn
At the Tschuggenhütte at the Weisshorn

Besonders schön anzusehen sind die in Holzbauweise errichteten und in ihrer Ursprungsform erhaltenen Bahnhofsgebäude auf den Unterwegsstationen. Alle tragen an der bahnsteigseitigen Fassade individuelle Sprüche, die die Aufbruchsstimmung vor dem 1. Weltkrieg wiederspiegeln, beispielsweise in Peist: „Es eilt die Zeit, Mensch sei bereit."
Nach ca. 15 Kilometern kündigt der 139 m lange Gründjitobel-Viadukt das imposanteste Bauwerk der Strecke an, das wir wenig später aus dem rechten Zugfenster erkennen können: Unmittelbar hinter der Station Langwies wechselt die Strecke die Talseite auf dem Langwieser Viadukt, dessen 62 m hoher Bogen sich mit einer Stützweite von 100 m über das Tal erstreckt. Damit war der Viadukt aus Stahlbeton im Jahre 1914 die weitestgespannte Eisenbahnbrücke der Welt. Seit 1997 ist die Brücke mit vielen Hundert Glühlampen bestückt, so dass ihre Silhouette in den dunklen Winternächten hell erstrahlt.
Nach einer Stunde Fahrzeit und einem Aufstieg von 584 m ü.d.M. in Chur auf 1789 m im Zielbahnhof erreichen wir das ringsum von Bergen umschlossene Arosa.
Das ursprünglich im 14. Jahrhundert von den Walsern besiedelte Dorf Arosa ist heutzutage ein eleganter und international geschätzter Wintersportort, der aber auch im Sommer immer mehr zu bieten hat. Dennoch gibt es Zeiten (von Ostern bis Juni und vom Spätherbst bis Dezember), wo vieles geschlossen ist.
Die ab 1875 eintreffenden ersten Touristen konnten nur mit der Postkutsche bis Langwies anreisen. Erst später wurde die Straße bis Arosa verlängert. Ende des 19. Jahrhunderts wurde das abgelegene Arosa (wie auch das abge-

St. Peter im nördlichen Schanfigg
St Peter in northern Schanfigg

Particularly beautiful to look at are the station buildings on the way, timber-built constructions and preserved in their original form. On the façade on the platform side, all bear individual slogans that reflect the sense of a new era about to dawn before the First World War. For example, in Peist: "Es eilt die Zeit, Mensch sei bereit" ("Time is rushing by, man, be prepared").
After about 15 kilometres, the 139 m-long Gründjitobel Viaduct announces the most imposing building of the route, which we can spot from the right-hand train window a little later: immediately after Langwies station, the track changes sides in the valley on the Langwies Viaduct, whose 62 m-high arch spans 100 m across the valley. Thus, the reinforced concrete viaduct was the world's widest stretched railway bridge in 1914. Since 1997, the bridge has been kitted out with many hundreds of electric light bulbs, so that its silhouette shines brightly in the dark winter nights.

After an hour's drive and a climb from 584 m in Chur at an altitude of 1739 m, we reach Arosa at the destination station, completely surrounded by mountains.
The village of Arosa, originally settled in the 14th century by the Walser people, is today an elegant and internationally valued winter sports resort, which even has more and more to offer in summer. Nevertheless, there are times (from Easter to June and from late autumn to December) when much is closed.
The first tourists arriving in 1875 could only travel by stagecoach to Langwies. Later, the road was extended to Arosa. At the end of the 19th century, the remote Arosa (as well as the remote Davos) became a health resort due

legene Davos) aufgrund der bekannt gewordenen Heilwirkung seines Höhenklimas und des dadurch bedingten Baus von Sanatorien für Lungen- und Tuberkuloseerkrankungen zum Kurort. 1888 ließ der deutsche Arzt Dr. Herwig das erste Sanatorium bauen. Heute gibt es hier, im Gegensatz zu Davos, keinen Kurbetrieb mehr.

Der Bau der Arosabahn 1912 bis 1914 erleichterte die Anfahrt erheblich. Ab den 1950er Jahren entwickelte sich Arosa durch den Bau von Hotels und Ferienchâlets zunächst zu einem bekannten Wintersportzentrum. Heute stehen dem Touristen in Arosa ein Skigebiet von ca. 70 km Pisten und seit dem Zusammenschluss mit dem Skigebiet Lenzerheide 2014 von insgesamt rund 225 km Pisten zu Verfügung. Der Bahnhof Arosa auf 1742 m liegt direkt am Obersee mit einer schönen Promenade. Zum Baden lädt aber auch der Untersee ein.

Nicht nur durch die Anlage von Spazier- und Wanderwegen auf über 200 km ist Arosa aber auch zu einem Sommersportzentrum geworden. Der 18-Loch-Golfplatz des Golf Club Arosa in Maran oberhalb von Arosa ist der höchstgelegene Europas. Maran kann man in einer halbstündigen Wanderung selbst mit kleinen Kindern auf dem Eichhörnliweg erreichen.

Zwei Seilbahnen führen auf das Weisshorn (2653 m) und das Hörnli (2512 m). Die Großkabinen der Weisshornbahn sind von für Arosa typischer blauer Farbgebung mit Edelweiß. Auf dem Gipfel erwartet den Besucher ein modernes Restaurant mit der höchstgelegenen Bäckerei Europas.

to the healing effects of its high-altitude climate and the consequent construction of sanatoria for pulmonary disease and tuberculosis. In 1888, the German physician Dr Herwig built the first sanatorium. Today, in contrast to Davos, there is no longer a health resort business here.

The construction of the Arosa Railway from 1912 to 1914 made the journey much easier. From the 1950s onwards, Arosa developed into a well-known winter sports centre as a result of the construction of hotels and holiday chalets. Today, tourists in Arosa have a skiing area of approx. 70 km of pistes and, since the union with the Lenzerheide skiing area in 2014, around 225 km of available pistes. Arosa station, at an altitude of 1739 m, is located directly on the Obersee with a beautiful promenade. The Untersee also invites you to go for a swim.
Arosa has also become a summer sports centre, but not only because of the fact that walking and hiking trails are over 200 km long. The 18-hole golf course at Golf Club Arosa in Maran, above Arosa, is the highest in Europe. Maran can be reached via a half-hour hike, even with small children on the Eichhörnliweg (Squirrel Path).
Two cable cars lead to the Weisshorn (2653 m) and the Hörnli (2512 m). The Weisshornbahn's large cabins are in Arosa's typical blue colouring with edelweiss. At the summit, visitors will find a modern restaurant with the highest bakery in Europe.

Unmittelbar vor dem Bahnhof Arosa durchquert die Bahn den 299 m langen Arosatunnel.
Immediately in front of the Arosa station, the railway traverses the 299 m long Arosa tunnel.

Großkabine der Weisshornbahn in blauer Arosafarbe mit Edelweiß
Large cabin of the Weisshornbahn in blue arosa color with edelweiss

Fünfte Etappe
CHUR – FILISUR

In Chur wechselt der Glacier Express die Fahrtrichtung, so dass entweder die bisherige Zuglokomotive ans andere Zugende umsetzen muss oder eine andere Lok die Weiterbeförderung übernimmt. Dies erfordert einen Mindestaufenthalt des Zuges von acht Minuten. Der letzte Glacier Express am Abend fährt nicht alleine weiter. Er wartet auf den nächsten, im Stundentakt verkehrenden Albulaschnellzug nach St. Moritz, an den er hinten angehängt wird.
Nach Verlassen des Bahnhofs Chur fahren wir zunächst zehn Kilometer dieselbe Strecke zurück, aus der wir gekommen sind und passieren nochmals Reichenau-Tamins. Nun schwenkt der Glacier Express aber nach Süden ins Hinterrheintal ab, und wir können noch einmal ins Vorderrheintal schauen, aus dem wir eine halbe Stunde zuvor gekommen sind. Das Hinterrheintal ist nun über die nächsten 15 Kilometer sehr breit mit Ausnahme einer kurzen Engstelle hinter Rhäzüns. Hier im Domleschg, dem Land der Burgen und

Der „Glacier"(Express) ist im Domleschg „on Tour".
The „Glacier" (Express) is "on tour" in Domleschg.

Fifth stage
CHUR – FILISUR

In Chur, the Glacier Express changes direction, so that either the previous train engine has to move to the other end of the train, or another engine takes over the onward journey. This requires a minimum stay of eight minutes. The last evening Glacier Express does not drive on alone. The panorama carriages have to wait for the next hourly fast train to St Moritz, to which they are attached behind.

After leaving Chur station, we drive at first back the same route we came from for ten kilometres and pass Reichenau-Tamins again. But now the Glacier Express is heading south to the Posterior Rhine Valley, and we can once again look at the Anterior Rhine Valley, from which we arrived half an hour earlier. The Posterior Rhine Valley is now very wide over the next 15 kilometres, with the exception of a narrow part behind Rhäzüns. Here in the Domleschg, which is called the land of castles, from the window we can count

Der Soliser Viadukt über der Albula in der Schynschlucht ist die höchste Brücke auf der Route des GEX
The Solis Viaduct over the Albula in the Schyn Gorge is the highest bridge on the route of the GEX

GEX mit der Lok „Glacier on Tour" auf der Hinterrheinbrücke bei Reichenau-Tamins

Schlösser, können wir aus dem Fenster bis zu 20 derartige Zeugen der vergangenen Bedeutung des einstigen Hauptverkehrswegs über den San Bernardinopass ins Tessin und weiter nach Italien zählen.

Eine halbe Stunde nach der Abfahrt in Chur durchfährt der Glacier Express den Bahnhof von Thusis. Von hier aus weiter rheinaufwärts liegt über einer Schlucht die bereits Goethe bekannte „Via Mala" („schlechter Weg"), die Schauplatz des gleichnamigen Romans (1934) von John Knittel ist. Heute führt ein markierter Kulturwanderweg durch die Schlucht. Parallel dazu gibt es inzwischen eine sichere Straße, auf der Postautos (Busse) durch den San Bernardino-Tunnel ins Tessin verkehren.

Mit Ausnahme des ersten Zuges aus und der letzten Fahrt in Richtung St. Moritz halten die Glacier Express nicht in Thusis. Deshalb kann man aus dem Fenster nur einen kurzen Blick auf „Die Reisende" werfen, die dort seit 1995 mit ihrem Reisegepäck als Bronzeskulptur sitzt. Dieses Kunstwerk hat der Bündner Robert Indermaur geschaffen, dessen Frau ihm Modell gesessen hat.

In Thusis verlassen wir das Hinterrheintal und folgen nun der Albula. Der nun folgende Streckenabschnitt bis zur Zielstation St. Moritz wird als Albulabahn bezeichnet. Sie steht seit dem 7. Juli 2008 gemeinsam mit der sich anschließenden Berninalinie auf der Liste des UNESCO-Weltkulturerbes. Das UNESCO-Welterbe „Rhätische Bahn in der Landschaft Albula/ Bernina" besticht als technisches Pionierwerk durch die Harmonie zwischen Bahn und Landschaft. Bereits ab Chur verkehrt auf dieser Strecke neben

GEX on the Posterior Rhine bridge near Reichenau-Tamins

up to 20 such witnesses of the past importance of the former main traffic route over the San Bernardino Pass into Ticino and further on to Italy.

Half an hour after leaving Chur, the Glacier Express passes through the railway station of Thusis. From here, further up the Rhine, above a gorge, is the "Via Mala" ("Bad Road"), already known to Goethe and the setting of the same name novel (1934) by John Knittel. Today, a marked cultural trail leads through the gorge. There is now a parallel safe road on which Postautos (buses) drive through the San Bernardino Tunnel to Ticino.

With the exception of the first train out and the last train towards St Moritz, the Glacier Express do not stop in Thusis. Therefore, one can only throw a brief glance out the window at "The Female Traveller", who has been sitting there with her luggage as a bronze sculpture since 1995. This work of art was created by the sculptor Robert Indermaur from Graubünden, whose wife served as a model.
In Thusis we leave the Hinterrhein Valley and now follow the River Albula. The following section to the Posterior Rhine of St Moritz is called the Albula Line. It has been on the list of UNESCO World Heritage Sites since 7th July 2008, along with the subsequent Bernina Line. The UNESCO World Heritage "Rhaetian Railway in the Albula/Bernina Landscape" stands out as a pioneering technical piece due to the harmony between the railway line and the landscape. Starting from Chur, the Bernina Express runs alongside the

dem Glacier Express und den modernen Interregios auch der Bernina Express, der bis Tirano in Italien fährt und ebenfalls aus Panoramawagen zusammengestellt ist.

Wenige Minuten hinter Thusis erreicht unser Zug nach einer langgestreckten Rechtskurve den Westhang der Schynschlucht. Auf der linken Seite, tief unten im Tal befindet sich das Wasserkraftwerk Sils i.D., das bereits im Jahre 1909 den Strom für die Aufnahme des elektrischen Betriebes auf der Albulabahn lieferte.

Der nachfolgende spektakuläre Streckenabschnitt wird durch den 32 m langen Campell-Tunnel („camp bel" = „Schönes Feld") eingeleitet, dessen Portale von der gleichnamigen Burg überragt werden, deren Turm aus dem 13. Jahrhundert stammt. Aus dem linken Fenster kann man gelegentlich durch die dichte Hangbewaldung steil hinab bis auf die in der Tiefe fließende Albula schauen. Die Gleise schlängeln sich am steilen Hang der Schlucht entlang. Auf den nächsten 6 Kilometern durchfahren wir weitere acht, vorwiegend sehr kurze Tunnel, zwischen denen es teilweise nur wenige Sekunden hell wird, und wir überqueren 17 Lehenviadukte, die an den Steilhang geklebt zu sein scheinen. Den Abschluss der spektakulären Streckenführung bildet der mit 986 m recht lange Solistunnel mit dem direkt folgenden gleichnamigen Bahnhof. Die zurückliegende Durchquerung der Schynschlucht gehört zu denjenigen Streckenabschnitten des Glacier Express, auf denen der Lokführer die Erlaubnis hat, deutlich langsamer als erlaubt zu

Zwei strahlende Fotoobjekte vereint im Bahnhof von Disentis/Mustér.
Two brilliant photo objects united in the station of Disentis / Mustér.

Glacier Express and the modern Interregios. It runs to Tirano in Italy and is also composed of panoramic carriages.

A few minutes past Thusis and after an elongated right turn, our train reaches the western slope of the Schyn Gorge. On the left side, deep down in the valley, is the hydroelectric power plant Sils i.D., which already supplied electricity in 1909 to start electrical operation on the Albula Railway.

The subsequent spectacular section of the route is initiated by the 32 m-long Champell Tunnel ("camp bel" = "beautiful field"), whose portals are dominated by the castle of the same name, whose tower dates from the 13th century. From the left-hand window, you can from time to time look through the dense vegetation on the slope down to the Albula flowing in the depths. The tracks wriggle along the steep slope of the gorge. For the next 6 kilometres, we drive through another eight (mostly very short) tunnels, between which it only gets light for a few seconds, and we cross 17 slope viaducts, which seem to be glued to the steep hillslope. The conclusion of the spectacular route is the 986 m long Solis Tunnel with the station of the same name following straight afterwards. The crossing of the Schyn Gorge we have passed is one of the sections of the Glacier Express where the train driver has permission to drive much slower than allowed, so that passengers can take successful photos. Punctuality is a prerequisite for the train, which is a

Der Höhepunkt der Reise: Fahrt über den Landwasser-Viadukt, das Wahrzeichen der Rhätischen Bahn
The highlight of the trip: crossing the Landwasser Viaduct, the landmark of the Rhaetian Railway

Die Burgruine Campi ist der erste Blickfang der Fahrt durch die Schynschlucht in Richtung Albula.
The castle ruin Campi is the first eye-catcher of the ride through the Schyn Gorge towards Albula.

fahren, damit die Fotos der Reisenden gelingen. Voraussetzung ist die Pünktlichkeit des Zuges, die aber beim Glacier Express genauso wie bei allen anderen Zügen der Schweiz eine Selbstverständlichkeit ist.

Im Bahnhof Solis muss in der Regel ohnehin die Kreuzung (Begegnung) mit einem entgegenkommenden Interregio abgewartet werden. Unmittelbar hinter dem Bahnhof erreichen wir den Soliser Viadukt. Die lichte Weite seines Hauptbogens beträgt zwar nur 42 m, aber er überbrückt die Schlucht in einer Höhe von 89 m. Nur einen kurzen Augenblick können wir senkrecht hinab bis ganz auf den Fluss blicken.

Wir haben nun den Parc Ela, den mit einer Fläche von 550 km größten Naturpark der Schweiz erreicht. Auf den nächsten 35 km bis zum Albulatunnel durchqueren wir dieses Gebiet, in dem Natur und Landschaft geschützt und erhalten werden sowie die nachhaltig betriebene Landwirtschaft unterstützt wird.

Das tief eingeschnittene Tal der Albula befindet sich nun auf der rechten Seite. Fünf Tunnel und acht Viadukte folgen bis zum nächsten Halt in Tiefencastel. Wahrzeichen des zentral zum Julier- und Albulapass gelegenen Ortes ist die barocke Pfarrkirche St. Stephan (erbaut 1610–1652), die wir nach der Abfahrt aus dem rechten Fenster ganz in Ruhe betrachten können. Rund 4 Minuten später durchfahren wir den Bahnhof Surava mit seinem fast gänzlich in der Ursprungsform von 1903 erhaltenen Bahnhofsgebäude, das auf der in Fahrtrichtung rechten Seite steht und im Jahre 2004 zum schönsten Bahnhof Europas gewählt wurde. Nun haben wir nur noch etwa 3 Minuten Zeit, uns auf das

Eine EMS-Werbelok zieht eine 12-Wagen-Schlange über den Soliser Viadukt.
An EMS advertising engine pulls a 12-carriage snake over the Solis Viaduct.

matter of course with the Glacier Express, as well as with all other Swiss trains.

In Solis station, our train usually has to wait for an oncoming Interregio train anyway. Immediately behind the train station, we reach Solis Viaduct. The clear width of its main arch is only 42 m, but it bridges the gorge at a height of 89 m. We can look straight down to the river only for a moment.

We now have reached Parc Ela, the largest natural park in Switzerland with an area of 550 km². For the next 35 km to Albula Tunnel, we cross this area, where nature and the countryside are protected and preserved, and sustainable agriculture is supported.

The deep valley of the Albula is now on the right side. Five tunnels and eight viaducts follow until the next stop in Tiefencastel. The famous landmark of the centrally-located (to the Julier and Albula Passes) place is the Baroque Parish Church of St Stephan (built 1610–1652), which we can calmly look at from the right window after departure. About 4 minutes later, we pass through Surava station with its station building almost entirely in its original form from 1903, which is located on the right side in the direction of travel. In 2004, it was voted the most beautiful railway station in Europe. Now we only have about 3 minutes' time to prepare for the world-famous emblem of

weltberühmte Wahrzeichen der Albulabahn und auch des Glacier Express vorzubereiten. Dazu müssen wir uns am rechten Fenster platzieren. Rund eine Minute nach dem Passieren des Bahnhofs Alvaneu taucht der Landwasserviadukt zum ersten Mal auf, und vom Schmittentobelviadukt können wir bereits aus knapp 500 m Entfernung die ungewöhnliche Lage der Brücke unmittelbar an einer senkrechten Felswand erkennen. Nach Durchqueren des 27 m langen Zalainttunnels zeigt sich das Bauwerk in seiner vollen Schönheit. Nur selten kann man aus dem Zugfenster aus einer so schönen Perspektive heraus die Brücke von der Seite bewundern, die man kurz darauf überquert. Ermöglicht wird diese Ansicht beim 136 m langen Landwasserviadukt durch seine Bogenform über 45° mit einem engen Radius von nur 100 Metern. Bereits aus dem zweiten Wagen (und aus den hinteren Wagen noch viel besser) können wir die eigene Zuglok beobachten, während sie langsam über die 6 bis zu 65 m hohen Bögen fährt und dann in der senkrecht aufsteigenden Felswand am Brückenende verschwindet. Zwangsläufig folgen wir ihr in den Landwassertunnel. Der ungewöhnliche Tunnel ist gerade einmal 216 m lang. Dahinter erreichen wir den nächsten Halt im Bahnhof Filisur.
Im nahe gelegenen Museum der Bündner Fotografen des 19. Jahrhunderts kann man dort auch Fotos vom Bau der Albulabahn und der Bahnstrecke von Filisur nach Davos finden. Von Filisur aus verkehren Anschlusszüge durch die Zügenschlucht nach Davos.

Das Bahnhofsrestaurant von Filisur freut sich auf Gäste aus dem GEX.
The station restaurant of Filisur is looking forward to guests from the GEX.

the Albula Railway and the Glacier Express. For this, we have to place ourselves at the right window. About a minute after passing through Alvaneu train station, the Landwasser Viaduct appears for the first time, and from the Schmittentobel Viaduct, we can already see from just under 500 m away, the unusual position of the bridge directly on a vertical rockface. After crossing the 27 m-long Zalaint Tunnel, the construction reveals its full beauty. It is very rare that we can admire a bridge sidelong (which we cross shortly thereafter) from such a beautiful perspective by looking through the train window. This view is made possible for the 136 m-long Landwasser Viaduct by its arch shape over 45° with a narrow radius of only 100 metres. From the second carriage (and even better from the rear carriages), we can observe our own engine as it slowly drives over the 6 to 65 m-high arches and then disappears in the vertically rising rockface at the end of the bridge. Inevitably, we follow it into Landwasser Tunnel. This unusual tunnel is just 216 metres long. Afterwards, we reach the next stop at Filisur station.

In the nearby Museum of Graubünden Photographers of the 19th Century, you can also find photos of the construction of the Albula Railway and the railway line from Filisur to Davos. From Filisur, there are connecting trains through the Zügen Gorge to Davos.

Tiefencastel mit seiner barocken Pfarrkirche St. Stephan
Tiefencastel with its baroque parish church of St Stephan

Ausflug von FILISUR NACH DAVOS

In Filisur kann man in einen Regionalzug umsteigen, der stündlich über eine landschaftlich einzigartige Strecke nach Davos, der mit 1560 m höchsten Stadt Europas fährt. Von Mitte Mai bis Mitte Oktober werden dafür zweimal pro Tag historische Fahrzeuge verwendet. Nach knapp 5 Minuten Fahrt erreicht der Zug unmittelbar vor dem Bahnhof Wiesen den Wiesener Viadukt. Mit einer Höhe von 88 m und einer Länge von 210 m zählt er zu den größten Steinbogenbrücken Europas. Die Aussicht von der Brücke lässt sich auch von einem Wanderweg erleben, der parallel zu den Gleisen über die Brücke führt. Auf den nächsten vier Kilometern verläuft die Strecke parallel zur engen Zügenschlucht. Davon befindet sie sich allerdings über mehr als drei Kilometer in insgesamt 7 Tunneln. Dazwischen wird es teilweise nur für wenige Sekunden hell. Der Abstand zwischen dem Tunnel Wiesen I (zweiter Tunnel hinter Wiesen) und dem Bärentritttunnel beträgt gerade einmal 10 m. Für eine halbe Sekunde blitzt der Sägentobel mit seinem Wasserfall auf, den wir

Der Wiesener Viadukt befindet sich in unmittelbarer Nähe zum Bahnhof Wiesen und kann auch auf einem Seitenweg zu Fuß überquert werden.

Excursion from FILISUR TO DAVOS

In Filisur, you can change to a regional train that runs hourly on a scenic route to Davos, the highest city in Europe at 1560 m. From mid-May to mid-October, historical rolling stock is used twice a day. The train reaches the Wiesen Viaduct just in front of Wiesen station in under 5 minutes. With a height of 88 m and a length of 210 m, it is one of the largest stone arch bridges in Europe. The view from the bridge can also be seen from a footpath that runs parallel to the tracks across the bridge. Over the next four kilometres, the route runs parallel to the narrow Zügen Gorge, of which it is more than three kilometres in a total of 7 tunnels. In between, it is sometimes only light for a few seconds. The distance between Wiesen Tunnel I (second tunnel behind Wiesen) and Bärentritt Tunnel is just 10 m. For half a second, the Sägentobel flashes its waterfall, which we cross on a bridge trapped between the portals. The next but one bright spot is interesting too. Here, we have about 2 seconds to look from the 43.5 m-long Brombenz Viaduct at both

The Wiesen Viaduct is located in the immediate vicinity of the railway station Wiesen and can be crossed by foot on a sidepath too.

Der über der Landwasser gelegene Wiesener Viadukt verfügt über einen Hauptbogen und sechs Nebenbögen.
The Wiesen Viaduct, located above the Landwasser, has a main arch and six subsidiary arches.

Blick aus dem Zug auf die Kapelle von Davos Frauenkirch
View from the train to the chapel of Davos Frauenkirch

auf einer zwischen den Portalen eingeklemmten Brücke überqueren. Auch der übernächste Lichtblick ist interessant. Hier haben wir rund 2 Sekunden Zeit, vom 43,5 m langen Brombenzviadukt beidseitig in die Zügenschlucht mit einem stillgelegten Straßentunnel zu blicken. Er gehört zu der inzwischen für den Autoverkehr gesperrten Straße, die man alternativ zur Bahnfahrt zwischen den Stationen Monstein und Wiesen zu einer gut einstündigen Wanderung entlang der Landwasser nutzen kann. Auf dem integrierten Gesteinslehrpfad kann man dabei sogar sein geologisches Wissen aufbessern.
Davos entwickelte sich gegen 1865 zum Höhenkurort, nachdem vor allem durch den deutschen Arzt Dr. Alexander Spengler bekannt geworden war, dass sich das dortige Hochgebirgsklima heilend bei Lungenerkrankungen (der sog. Weißen Pest) auswirkte. Zunächst suchten reiche Russen an diesem Ort Genesung, später führten Deutsche die Anzahl der ausländischen Kurgäste an.
Ab dem 21.7.1890 konnte man Davos endlich mit dem Zug erreichen. Dahinter stand folgende Entstehungsgeschichte: Der niederländische Kapitän zur See Willem Jan Holsboer (1834–1898) hatte seine an Tuberkulose erkrankte Frau 1867 zu einer Kur nach Davos begleitet, wo sie verstarb. Zu diesem Zeitpunkt konnte man zwar mit der Bahn nach Chur fahren, musste aber für die Reststrecke nach Davos in Landquart in die Kutsche umsteigen. Der Witwer blieb in Davos, wo er eine einheimische Frau heiratete, neue Kurhäuser bauen ließ und schließlich sogar Kurdirektor wurde. Auf seine Initiative wurde eine schmalspurige Bahn von Landquart nach Davos gebaut. Nach Erlangung der Schweizer Staatsbürgerschaft bewirkte er als Mitglied des Grossen Rats des Kantons Graubünden den Bau der Strecke von Chur nach Thusis (1896). Vier

sides into the Zügen Gorge with a disused road tunnel. It belongs to the road now closed to traffic, which can be used as an alternative to the train journey between the stations Monstein and Wiesen for a good one-hour hike along the Landwasser. On the integrated rock trail, you can even improve your geological knowledge.

Davos developed around 1865 into a mountain resort, after it had become known, especially through the German physician Dr Alexander Spengler, that the local high mountain climate had a healing effect on lung diseases (the so-called white plague). At first, rich Russians sought recovery in this place; later, Germans made up the largest contingent of foreign spa guests.

From 21st July 1890, Davos could finally be reached by train. Behind it was the following history: in 1867, the Dutch captain Willem Jan Holsboer (1834–1898) had accompanied his tuberculosis-ridden wife to the spa in Davos, where she died. At that time, although one could go by train to Chur, but one had to change in Landquart to a stagecoach for the remaining stretch to Davos. The widower remained in Davos, where he got married to a local woman, had new spa buildings built and finally even became spa director of Davos. On his initiative, a narrow-gauge railway was built from Landquart to Davos. After gaining Swiss citizenship, as a member of the Grand Council of the Canton of Graubünden, he brought about construction of the route from Chur to Thusis (1896). Four months before the construction of the Albula

Ein Regionalzug aus Davos verlässt den letzten der neun Tunnel in der Zügenschlucht unmittelbar vor dem Bahnhof Wiesen.

Monate vor Baubeginn der Albulastrecke verstarb der „Vater der Rhätischen Bahn" im Juni 1898. Er wurde auf dem Davoser Waldfriedhof beerdigt.

Davos kam auch literarisch zu Weltruhm. So begleitete 1912 der deutsche Schriftsteller Thomas Mann seine lungenkranke Ehefrau Katia nach Davos, wo sie sechs Monate im Waldsanatorium, dem heutigen Waldhotel Davos, blieb, während er selbst im darunter gelegenen Haus am Stein wohnte.

Ein über Davos gelegenes Sanatorium wurde zum Schauplatz seines weltberühmten Romans *Der Zauberberg* (1924). Heute werben mindestens drei Hotels in Davos damit, Originalschauplatz des Romans zu sein. Hauptinspirationsquelle ist wohl das Sanatorium Schatzalp, in welchem sich nunmehr das Hotel Schatzalp im erhaltenen Jugendstil befindet. Vorbei an den Zitaten aus dem Roman kann man auf dem Thomas-Mann-Weg in knapp einer Stunde vom Waldhotel Davos in Davos Platz über die Hohe Promenade 200 m hoch auf die Schatzalp bis zum Alpinum aufsteigen. Die Schatzalp mit dem gleichnamigen Hotel ist aber auch alternativ mit der Schatzalp-Bahn, einer 1899 eröffneten Standseilbahn, erreichbar.

Im Heimatmuseum Davos kann man u.a. das Modell „Berghof" als Nachbildung eines für Davos üblichen Sanatoriums ansehen.

Das russische literarische Gegenstück zum deutschen Zauberberg mit dem Titel *Sanatorium Arktur* wurde übrigens 1940 von Konstantin Fedin geschrieben, der einige Jahre zuvor an Tuberkulose erkrankt war und in Davos gekurt hatte.

Auch die Briten kamen während der Belle Epoque zur Kur nach Davos, so z.B. der erkrankte Schriftsteller R. L. Stevenson, der 1881 hier „Die Schatzinsel"

A regional train from Davos is leaving the last of the nine tunnels in the Zügen Gorge just before arriving at Wiesen station.

line began, the "Father of the Rhaetian Railway" died in June 1898 and was buried at Davos Forest Cemetery.

Davos also became literarily world-famous. In 1912, the German writer Thomas Mann accompanied his wife Katia, suffering from a lung illness, to Davos, where she stayed for six months in the Waldsanatorium, today's Waldhotel Davos, while he was living in the Haus am Stein below.

A sanatorium located above Davos became the scene of his world-famous novel *Der Zauberberg* (The Magic Mountain, 1924). Today, at least three hotels in Davos advertise themselves as the original venue of the novel. The main source of inspiration is probably the sanatorium Schatzalp, which now houses the Hotel Schatzalp in a preserved Art Nouveau style. Passing by quotes from the novel, you can ascend 200 m on the Thomas Mann Trail in less than one hour from the Davos Waldhotel in Davos Platz, via the Hohe Promenade onto the Schatzalp and the Alpinum. The Schatzalp, with the hotel of the same name, can alternatively be reached with the Schatzalp-Bahn, a funicular railway opened in 1899.

In the Heimatmuseum Davos, you can, amongst others, look at the "Berghof" model as a replica of a sanatorium that is customary in Davos.

By the way, the Russian literary counterpart to the German *Zauberberg* (Magic Mountain), with the title *Sanatorium Arktur*, was written in 1940 by Konstantin Fedin, who had suffered from tuberculosis and been treated in Davos some years before.

The British also came to Davos for a cure during the Belle Époque, among them e.g. the diseased writer R. L. Stevenson, who wrote *Treasure Island*

Einfahrt in den Bahnhof Filisur, dem Abzweigbahnhof für die Strecke nach Davos
Entry to Filisur station, the branching station for the route to Davos

schrieb oder der geistige Vater von Sherlock Holmes, Conan Doyle. Letzterer begleitete seine kranke Frau und fuhr mit zwei Bergführern als einer der ersten auf Skiern von Davos über die Maienfelder Furka nach Arosa.

Als durch die Entdeckung von Antibiotika Davos als Kurort an Bedeutung verlor, entwickelte sich ab 1930 sein Image als berühmter Wintersportort mit heutzutage 320 km befahrbaren Pisten sowie 44 Skiliften. Im Wintersport-Museum im alten Postgebäude in Davos Platz befindet sich u.a. der 1934 in Davos gebaute erste Skilift der Welt. Der „Davoser Schlitten" wurde weltweit berühmt. Auch das hiesige Sportzentrum genießt Weltrang.

Nach dem Besuch des Kirchner-Hauses bietet sich der Besuch des Kirchner-Museums Davos an, wo vorwiegend Werke dieses deutschen Expressionisten im Original gezeigt werden. Im unterhalb des Museums gelegenen Kurpark befindet sich das Kongresszentrum. Seit 1971, jeweils jährlich Ende Januar/Anfang Februar findet hier das Weltwirtschaftsforum statt. Ebenfalls sollte man die Reformierte Kirche St. Johann mit Fenstern von Augusto Giacometti sowie das Rathaus besuchen, bevor man im Traditionscafé Schneider's oder im Café Kaffee Klatsch pausiert. Demjenigen, der Bier bevorzugt, sei noch die höchstgelegene Brauerei Europas in Davos-Monstein zu empfehlen. Von der Station Dorf gelangt man schnell zum Davoser See. Unterhalb von Davos liegt Klosters (1194 m), welches im Gegensatz zum mondänen Davos ein traditionelles Alpendorf im Prättigau geblieben ist.

Nachfolgende Doppelseite: Mit einer Höhe von 88 m und einer Länge von 210 m zählt der Wiesener Viadukt zwischen Davos und Filisur zu den größten Steinbogenbrücken Europas. Hier verkehrte bis 2013 ein eigener Glacier Express mit dem Zuglauf Davos-Zermatt und zurück. Heute wird Davos von Chur aus mit einem Glacier-Express-Bus über Lenzerheide bedient.

Der Abstand zwischen dem Tunnel Wiesen I und dem Bärentritttunnel beträgt 10 m, so dass der Reisende den Sägentobelwasserfall nur eine halbe Sekunde lang sehen kann.
The distance between the tunnel Wiesen I and the Bärentritttunnel is 10 m, so that the traveler can see the Sägentobel waterfall for half a second only.

here in 1881, or the spiritual father of Sherlock Holmes, Conan Doyle. The latter accompanied his sick wife and skied from Davos with two mountain guides as one of the first across the Maienfelder Furka to Arosa.
Due to the discovery of antibiotics, Davos lost importance as a spa resort and thus from 1930, its image evolved as a famous winter sports resort, with 320 km of passable pistes and 44 ski lifts today. The Winter Sports Museum in the old post office in Davos Platz contains, among other things, the world's first ski lift built in Davos in 1934. The "Davoser Schlitten" (Davos sledge) became famous worldwide. The local sports centre is also world-class.
After visiting the Kirchner-Haus, visit the Kirchner-Museum Davos, where mainly original works of this German expressionist are shown. The spa garden, located below the museum, houses the Congress Centre. Since 1971, every year at the end of January/beginning of February, the World Economic Forum takes place here. You should also visit the Reformed Church of St John with windows by Augusto Giacometti, as well as the Town Hall, before pausing in the traditional café Schneider's or in the café Kaffee Klatsch. For those who prefer beer, we recommend the highest brewery in Europe in Davos-Monstein. From the village station, you can quickly get to Lake Davos. Klosters (1194 m), located below Davos, in contrast to the mundane Davos, has remained a traditional alpine village in Prättigau.

Following double page: with a height of 88 m and a length of 210 m, the Wiesen Viaduct between Davos and Filisur is one of the largest stone arch bridges in Europe. This is where a separate Glacier Express ran from Davos to Zermatt and back until 2013. Today, Davos is served by a Glacier Express bus from Chur via Lenzerheide.

Sechste Etappe
FILISUR – ST. MORITZ

Kurz nach der Ausfahrt aus dem Bahnhof Filisur können wir beim Blick aus dem linken Fenster nach vorne hoch oben die Burgruine Greifenstein aus dem 12. Jahrhundert erkennen, die sich nur schwach von den Felsformationen abhebt. Der Glacier Express wendet sich nun in Richtung Süden und gewinnt über eine zur Hälfte offene Spirale 200 m Höhe. Hinter dem 698 m langen Greifensteintunnel und dem direkt anschließenden kurzen Schlossbergtunnel können wir nach links hinten noch einmal die Burgruine Greifenstein aus kurzer Distanz erkennen, während sich nach rechts der Blick zurück ins Albulatal mit Filisur eröffnet.
Rund 15 Minuten nach der Abfahrt in Filisur erreichen wir den berühmtesten Abschnitt der Albulabahn. Die beiden Bahnstationen Bergün/Bravuogn (1372 m ü. M.) und Preda (1789 m ü. M.) liegen Luftlinie lediglich 6,5 Kilometer voneinander entfernt, haben aber einen Höhenunterschied von

Ein RegioExpress verlässt den alten Albulatunnel in Spinas. Im Bild links befindet sich eine ursprüngliche Trafostation, rechts wäre heute das Portal des neuen Albulatunnels zu sehen
A RegioExpress leaves the old Albula Tunnel in Spinas. In the picture on the left there is an original transformer station, to the right the portal of the new Albula Tunnel could be seen today

Sixth stage
FILISUR – ST MORITZ

Shortly after the exit from Filisur station, we can see the castle ruins of Greifenstein from the 12th century high up to the front and the left, which barely protrudes out of the rock formations. The Glacier Express now turns south and gains 200 m in height over a half-open spiral. After the 698 m-long Greifenstein Tunnel and the short Schlossberg Tunnel that follows directly afterwards, we can see the castle ruins of Greifenstein once more from a short distance back to the left, while to the right the view opens back into the Albula Valley with Filisur.

About 15 minutes after departure from Filisur, we reach the most famous section of the Albula Line. The two railway stations Bergün (alt. 1372 m) and Preda (alt. 1789 m) are only 6.5 kilometres apart as the crow flies but have a height difference of 417 metres. Since, as a pure adhesion railway, the RhB

Zum Schutz der Gleise, des Unterbaus und nicht zuletzt der Züge vor Steinschlag stehen an der Albulabahn zahlreiche Schutzbauten.
To protect the tracks, the substructure and, not least, the trains from rockfall, there are numerous protective structures on the Albula Railway.

Bei einem typischen Engadiner Haus, wie hier in Bergün, werden die Fenster tief und schräg in die dicken Mauern eingelassen.
In a typical Engadine house, as here in Bergün, the windows are deeply and slanted in the thick walls.

In den Kellern der hoteleigenen Weinhandlung vom Waldhaus am See in St. Moritz lagern 25000 Flaschen aus über 20 Ländern.
25,000 bottles from more than 20 countries are stored in the cellars of the hotel's wine shop at Waldhaus am See in St Moritz.

417 Metern. Da die RhB als reine Adhäsionsbahn ohne Zahnstange auskommen muss und die Steigung deshalb auf 35 Promille beschränkt ist, musste der Schienenweg künstlich auf 12 Kilometer verlängert werden. So entstanden in dem unwegsamen Gelände auf engstem Raum zwei große Kehrschleifen und drei teils übereinander liegende Spiraltunnel. Viermal überqueren wir die Albula auf bis zu 28 Meter hohen Viadukten. An vielen Stellen liegen mehrere Ebenen direkt übereinander, und der außenstehende Beobachter hat angesichts der verwirrenden Streckenführung einige Probleme vorauszusagen, wo und in welche Richtung fahrend ein gerade im Tunnel verschwindender Zug wieder auftauchen wird.
Hinter Bergün beginnt die ungewöhnliche Trassierung zunächst mit einer doppelten Kehre, wobei aber der zweimalige Richtungswechsel fast unbemerkt im Tunnel vollzogen wird. Drei Mal, und zwar zunächst rechts, dann links und danach wieder rechts haben wir aus zunehmender Höhe einen prächtigen Blick zurück auf Bergün und das Albulatal, aus dem wir gerade gekommen sind.
Hinter der Betriebsstation Muot beginnt der verwirrende Abschnitt der Strecke. Nach der Überquerung des untersten Albulaviadukts I tauchen wir in den Rugnux-Spiraltunnel (662 m) ein, in dem unser Zug eine Rechtskurve über 270° befährt. Wieder am Tageslicht sehen wir aus dem linken Fenster unten auf der anderen Talseite den zuvor befahrenen Streckenabschnitt. Nach dem zweiten Albulaviadukt (Nr. II) erreichen wir den Toua-Spiraltunnel (677 m), in dem wir uns in einer 360° Linkskurve andersherum drehen. Vom anschließenden Albulaviadukt III haben wir die einmalige Gelegenheit,

has to make do without a rack and the gradient is therefore limited to 35 per thousand, the track had to be artificially extended to 12 kilometres. Thus, in the rough terrain, two large reverse loops and three spiral tunnels, some of which lie one above the other, were created in a confined space. Four times we cross the Albula on up to 28-metre-high viaducts. In many places there are several levels directly above each other, and the outside observer has some problems to predict in the face of confusing routing where and in what direction a train disappearing into the tunnel will reappear.

After Bergün, the unusual route begins with a double turn, but the two changes of direction take place almost unnoticed in the tunnel. Three times: first to the right, then to the left and then again to the right, we have a glorious view of Bergün and the Albula Valley from which we have just come, from a height that is increasing.

The confusing section of the track starts after Muot operating station. After crossing the lowest Albula Viaduct I, we dive into the Rugnux Spiral Tunnel (662 m), in which our train negotiates a right turn over 270°. Back in the daylight, from the left window at the bottom of the other side of the valley, we see the stretch of the route we have already travelled. After the second Albula Viaduct (no. II), we reach Toua Spiral Tunnel (677 m), where we make a 360° left turn. From the adjoining Albula Viaduct III, we have the unique opportunity to see Albula Viaduct II from the right-hand window and Albula

Am Bahnerlebnisweg Albula gibt es 26 bebilderte Informationstafeln, die für Kinder mit gezeichneten Abenteuern der Lausbuben Türli und Flidari angereichert sind.
At the Albula Line Adventure Trail there are 26 illustrated information boards, which are enriched for children with drawn adventures of the rascals Türli and Flidari.

Der Albulaviadukt III
The Albula Viaduct III

aus dem rechten Fenster den Albulaviadukt II und gleichzeitig aus dem linken Fenster den Albulaviadukt IV zu sehen, den wir nach einer weitgehend offenen Kehre überqueren. Daran schließt sich der Zuondra-Kehrtunnel (535 m) an, der sich teilweise in demselben Berg senkrecht über dem Toua-Spiraltunnel befindet. Auf der höchsten Ebene angekommen können wir mit etwas Mühe zwischen der dichten Hangbewaldung hindurch den einen oder anderen Viadukt unten im Albulatal erkennen, den wir Minuten zuvor überquert haben.

Parallel zum interessantesten Abschnitt der Albulabahn ist der „Bahnerlebnisweg Albula“ in drei Etappen angelegt: Die erste Etappe (7 km) führt von Preda entlang der Kehren der Bahnstrecke nach Bergün, die zweite Etappe (9 km) von Bergün nach Filisur und die dritte Etappe (5 km) vom Bahnhof Filisur zum Landwasserviadukt. Entlang dieser drei Etappen befinden sich 26 Stationen mit Informationstafeln zum Bau und Betrieb der Albulabahn sowie zum Albulatal.

Gegenüber dem Bahnhof Bergün bietet das Bahnmuseum Albula seit 2012 auf drei Etagen multimediale Einblicke in die Geschichte der Albulalinie sowie Wechselausstellungen. Ebenso interessant ist eine Modellbahnwerkstatt für den Maßstab 1:45 sowie ein vor dem Gebäude aufgestelltes Rhätisches Krokodil. Diese originale Lokomotive der Serie Ge $6/6^{I}$ aus dem Jahre 1922 ist zwar nicht mehr fahrfähig, aber mit einem Fahrsimulator ausgestattet, so dass jeder Hobby-Lokführer diese legendäre Maschine selber bedienen kann. Eine Außenstelle des Museums befindet sich an der Station Stuls/Stugl mit dem alten Stationsgebäude, dem vormaligen Bahnwärterhaus, einer Arbeiterbaracke mit Toilettenhäuschen und weiteren Bauten.

Viaduct IV from the left-hand window at the same time, which we cross after a largely open sweep. This is followed by Zuondra Spiral Tunnel (535 m), which is partly located in the same mountain vertically above Toua Spiral Tunnel. Having arrived at the highest level, with a little effort we can see between the dense vegetation on the slope one viaduct or another down in the Albula Valley, which we have crossed minutes before.

Parallel to the most interesting section of the Albula Line, the “Albula Line Adventure Trail” is laid out in three stages: the first stage (7 km) leads from Preda along the railway line to Bergün; the second stage (9 km) from Bergün to Filisur; and the third stage (5 km) from Filisur station to Landwasser Viaduct. Along these three stages are 26 stations with information boards about the construction and operation of the Albula Line and about the Albula Valley.

Opposite Bergün station, the Albula Line Museum, opened in 2012, offers multimedia insights into the history of the Albula Line and temporary exhibitions over three floors. Equally interesting is a model railway workshop for the scale of 1:45 as well as a Rhaetian crocodile placed in front of the building. Although this original engine of the Ge $6/6^{I}$ series from 1922 is no longer able to drive, it is equipped with a driving simulator so that every hobby engine driver can operate this legendary machine himself. A branch office of the museum is located at Stuls/Stugl station, with the old station building, the former railway lineman’s house, a workers’ hut with toilets and other structures.

Im Ortsmuseum in Bergün in einem alten Engadinerhaus aus dem 16. Jahrhundert steht im Dachgeschoss eine Modelleisenbahnanlage des Streckenabschnittes zwischen Preda und Bergün im Maßstab 1:87, aufgebaut durch den Albula-Bahn-Club Bergün. Im Dorf finden sich noch weitere Engadinerhäuser aus dem 16. bis 18. Jahrhundert, teilweise mit Sgraffiti oder Malereien auf den Fassaden.

Der ungefähr 2 km oberhalb von Preda gelegene Palpuognasee/Lai da Palpuogna auf einer Meereshöhe von 1918 m ist vom Bahnhof Preda aus in ca. einer halben Stunde zu Fuß zu erreichen. 2007 wählten die Schweizer diesen inmitten eines Waldes aus Lärchen, Kiefern und Arven gelegenen See in einer Umfrage des Schweizer Fernsehens zum „schönsten Flecken der Schweiz".

1899 wurde der natürliche See durch eine 80 cm hohe Mauer zusätzlich gestaut, um eine Druckleitung zum 120 m tiefer liegenden Portal des Albulatunnels in Preda zu legen. Damit konnten die wassergetriebenen Brandtschen-Gesteinsbohrmaschinen kontinuierlich mit einem Druck von ca. 10 bar gespeist werden. Darüber hinaus wurde mit dem Wasserdruck elektrischer Strom für die Baustelle und später auch für Bergün erzeugt, so dass dieses Bergdorf als eine der ersten Ortschaften der Schweiz über elektrischen Strom verfügte. Das zugehörige Maschinenhaus steht gegenüber vom Bahnhof Preda neben dem Tunnelportal.

Auch die Gäste der Panorama Bar im rot lackierten Servicewagen können vom kleinen Viadukt auf den Cresta Run zwischen Celerina und St. Moritz blicken.

In the attic of the local museum in Bergün located in an old Engadine house from the 16th century, is a model railway layout of the section between Preda and Bergün in the scale of 1:87, built by the Albula-Bahn-Club Bergün. In the village, there are other Engadine houses from the 16th to 18th century, some with sgraffiti or paintings on their façades.

Lake Palpuogna (Lai da Palpuogna), at an altitude of 1918 m and about 2 km above Preda, can be reached on foot from Preda station in about half an hour. In 2007, the Swiss chose this lake, which is located in the middle of a forest of larches, pines and arolla pines, as the "most beautiful spot in Switzerland" in a survey conducted by Schweizer Fernsehen (Swiss TV).

In 1899, the natural lake was additionally dammed by an 80 cm-high wall to create a pressure pipe to the 120 m lower-lying portal of the Albula Tunnel in Preda. This meant that the water-driven Brandtschen rock drilling machines could be continuously fed with a pressure of approx. 10 bars. In addition, with the water pressure, electric current for the construction site and later also for Bergün was generated, so that this mountain village was one of the first villages in Switzerland to have electricity. The associated engine house is opposite Preda railway station, next to the tunnel portal.

Visitors to the Panorama Bar in the red-painted service carriage can also look out from the little viaduct onto the Cresta Run between Celerina and St Moritz.

Im Winter kann man mit einem eigenen oder vor Ort gemieteten Schlitten von Preda auf der mit 6 km längsten beleuchteten Schlittelbahn in Europa über 400 m Höhe mit vielen Kurven nach Bergün fahren. Durch eine Beschneiungsanlage fehlt es auch nicht an Schnee. Die planmäßigen Interregios und zusätzlich spezielle Schlittelzüge bringen die Rodler wieder an den Ausgangspunkt hinauf. Mutige Schlittler, denen die Abfahrt auf der gesperrten Straße nicht ausreicht, können mit dem Sessellift nach Darlux hinauffahren und auf einer steileren Piste hinabschlitteln.

Hinter Preda tauchen wir in den 5866 Meter langen Albula-Tunnel ein, der mit 1823 m der höchst gelegene Scheiteltunnel der Alpen ist. Im Dunkeln unterqueren wir die Wasserscheide zwischen Rhein und Donau. Das südliche Tunnelportal liegt bereits im Engadin (En = rätoromanisch für Inn).

Parallel zum alten Tunnel aus dem Jahre 1903 ist seit dem Sommer 2014 im Abstand von 30 m ein zweiter Tunnel mit deutlich größerem Querschnitt (31,4 m^2) im Bau. Der Durchschlag fand bereits am 2.10.2018 statt, und inzwischen ist er fast fertig. Nach seiner für 2024 geplanten Eröffnung für den Bahnverkehr soll die alte Röhre noch als Rettungsröhre für den Notfall dienen. Am Bahnhof Preda steht eine auch kindgerechte Infoarena zum Tunnelneubau.

Hinter dem Tunnel können wir mit einem ganz anderen Wetter rechnen, denn im Dunklen unterqueren wir nicht nur die Wasserscheide zwischen Nordsee und Schwarzem Meer, sondern passieren auch eine Wettergrenze hin zum ungewöhnlich sonnigen Engadin. Nun fährt der Glacier Express rund fünf Minuten durch ein liebliches, weitgehend naturbelassenes Tal

Neben dem Landwasser-viadukt gibt es auf der Albulabahn viele weitere große Brücken.
In addition to the Land-wasser Viaduct, there are many other large bridges on the Albula Railway.

1682 verlor der größere spätgotische Turm der Kirche San Gian von Celerina durch Blitzschlag sein Dach. Der kleine romanische Turm der Vorgängerkirche blieb unversehrt.
In 1682, the larger late-Gothic tower of the church of San Gian of Celerina lost its roof by lightning. The small Romanesque tower of the previous church remained intact.

In winter, you can drive with your own or with a locally-rented sledge from Preda to Bergün on the (6 km) longest illuminated toboggan run in Europe over an altitude of 400 m with many curves. Because of a snowmaking system, there is no lack of snow. The scheduled Interregios and additional special toboggan trains bring tobogganers back to the starting point. Courageous sledders, who are not satisfied with riding on the closed road, can take the chairlift to Darlux and descend on a steeper slope.

After Preda, we dive into the 5866-metre-long Albula Tunnel, which at 1823 m is the highest summit tunnel in the Alps. In the dark, we pass under the watershed between the Rhine and the Danube. The southern tunnel portal is already in Engadine (En = Romansh for the river Inn).
Parallel to the old tunnel dating back to 1903, at a distance of 30 m, a second tunnel with a much larger cross-section (31.4 m^2) has been under construction since summer 2014. The breakthrough took place on 2nd October 2018, and in the meantime it is almost finished. After it is opened to rail traffic (scheduled for 2024), the old tube will still be used as a rescue tube in emergencies. At Preda station, there is also a child-friendly information arena on the tunnel's construction.
After the tunnel, we can expect completely different weather, because in the dark, we not only pass underneath the watershed between the North Sea and the Black Sea, but also a weather border to the exceptionally sunny Engadine. Now the Glacier Express takes about five minutes through a lovely, mostly natural, valley down to Bever. Immediately in front of the station, the

hinab nach Bever. Unmittelbar vor dessen Bahnhof zweigt nach links die 56 km lange Strecke ins Unterengadin ab, die durch 17 Tunnel und über 55 größere Brücken entlang des Inns nach Scuol-Tarasp führt. Von dieser ehemaligen Stichbahn zweigt seit der Jahrtausendwende nach etwa 35 km die neue Strecke durch den Vereina-Tunnel ab, die in ihrer Verlängerung bis nach Landquart im Rheintal führt.
In Samedan/Samaden am Inn trennen sich die Wege von Glacier- und Bernina-Express. Die nach links abzweigende Strecke überquert den Inn und führt an St.Moritz vorbei direkt nach Pontresina an der Berninabahn. Diesen Weg nimmt der Bernina Express auf seinem Weg über den Berninapass nach Tirano in Italien. Unser Glacier Express bleibt nach der Weiterfahrt am linken, d.h. am nördlichen Ufer des Inns. Aus dem linken Fenster können wir am Horizont das nach Süden weisende Val Bernina erkennen. Davor steht auf dem Talboden der Champagna-Ebene in Celerina/ Schlarigna die Kirche San Gian aus dem 15. Jahrhundert, deren größerer Turm 1682 durch einen Blitzschlag sein Dach verlor. Dennoch gilt sie als Wahrzeichen der ganzen Region des Inntals.
Hinter Celerina überquert der Glacier Express die mit 1612 m längste Natureisbahn der Welt, die Olympia Bobrunbahn „Cresta Run“, die ohne künstliches Eis auskommt und deshalb nur zur Winterzeit betrieben werden kann. Der Zug folgt weiter dem jungen Inn, der hier unterirdisch durch die Schlucht fließt.
Wenige Minuten später läuft unser Zug im Zielbahnhof St. Moritz ein.

Eine gute Gelegenheit zu Schnappschüssen durch die Panoramafenster
A great opportunity to take snapshots through the panoramic windows

56 km-long stretch branches off to the left into the Lower Engadine, which leads through 17 tunnels and over 55 larger bridges along the Inn River to Scuol-Tarasp. Since the turn of the millennium, a new line has branched off 35 km downstream, which leads through the Vereina Tunnel to Landquart in the Rhine Valley.
In Samedan/Samaden at the Inn, the routes of the Glacier and Bernina Express trains separate. The branching off to the left crosses the Inn and leads past St Moritz directly to Pontresina on the Bernina Railway. The Bernina Express takes this route on its way across the Bernina Pass to Tirano in Italy. Our Glacier Express will remain after the onward journey on the left, i.e. on the northern bank of the Inn. From the left window, we can see the south-facing Val Bernina on the horizon. In front of it, on the valley floor of the Campagna Plains in Celerina/Schlarigna, the 15th-century church of San Gian is situated, whose bigger tower lost its roof in 1682 due to a lightning strike. Nevertheless, it is considered a landmark of the whole Inn Valley region.

After Celerina, the Glacier Express crosses the longest natural ice rink in the world at an altitude of 1612 m, the Olympic bobsleigh run "Cresta Run", which manages without artificial ice and can therefore only be operated in wintertime. The train continues to follow the young Inn, which flows underground through the gorge.
A few minutes later, our train arrives at the destination – the station of St Moritz.

Im hochmodernen Führerstand der Lokomotive GE 4/4^{III}
In the modern driver's cab of the engine GE 4 / 4^{III}

Ausflug nach SAMEDAN

Samedan, der Hauptort des Oberengadins, hat einen schönen Dorfkern mit alten Engadiner Häusern. Nahe der Pfarrkirche von 1771 befindet sich in der Chesa Planta, deren Name auf der eine ältesten Familien Graubündens, die Familie Planta, zurückgeht, das Museum zur Wohnkultur (18./19. Jahrhundert) und das Kulturzentrum mit einer großen romanischen Bibliothek und dem Kulturarchiv der Fundaziun Planta zur Erhaltung der romanischen Sprache und Kultur. Schon vom Zug aus erblickt der Reisende die Begräbniskirche St. Peter (1139 erstmals erwähnt) mit einem Turm aus romanischer Zeit, die hoch über dem Ort thront.

Samedan verfügt über den höchstgelegenen Flugplatz Europas, den Engadin Airport. In Richtung Celerina liegt der 18-Loch-Golfplatz des ältesten Golfclubs (1893) der Schweiz.

Darüber hinaus ist Samedan auch eine Eisenbahnerstadt, da sie sich im „Goldenen Dreieck" mit Pontresina und St. Moritz als Betriebsmittelpunkt insbesondere für den Güterverkehr behauptet hat. Albulabahn, Unterengadinerbahn und Berninabahn treffen hier zusammen, so dass Güterwagen rangiert werden müssen, und in der Vergangenheit der Bernina Express von E-Lok auf Zweikraftloks umgespannt wurde.

Mit dem neuen bimodalen Güterumschlagzentrum Cho d´Punt, dem höchst gelegenen Europas (1705 m), werden alle Güter für St. Moritz und das ganze Oberengadin bereits in Samedan auf Lkw umgeladen, womit der Bahnhof von St. Moritz sich zum reinen Personenbahnhof gewandelt hat.

Die Regionalzüge von Samedan nach Pontresina halten auf etwa halber Strecke an der Station Punt Muragl. Von dort führt eine Standseilbahn auf den Muottas Muragl (2453 m), wo man eine wundervolle Sicht auf das Oberengadin mit seinen Seen und auf die Gletscher bis zum Piz Palü genießen kann. Der Klimaweg Muottas Muragl informiert auf 15 Tafeln über die Folgen der Klimaerwärmung. An der Bergstation befindet sich das Romantikhotel Muottas Muragl als erstes Plusenergie-Hotel der Alpen mit Zimmern aus für das Engadin typischem Arvenholz.

Excursion to SAMEDAN

Samedan, the capital of the Upper Engadine, has a beautiful village centre with old Engadine houses. Close to the 1771 Parish Church, the Planta House (Chesa Planta), from the name of one of the oldest families in Graubünden, the Planta family, is home to the Home Culture Museum (18th/19th century) and the Cultural Centre, with a large Romansh library and the Fundaziun Planta's cultural archive for the preservation of the Romansh language and culture. From the train, the traveller can already see the Church of St Peter (mentioned for the first time in 1139) with a Romanesque tower which looms high above the village.

Samedan has the highest airport in Europe, Engadin Airport. In the direction of Celerina is the 18-hole golf course at Switzerland's oldest golf club (1893).

In addition, Samedan is also a railwaymen town, as it has asserted itself in the "Golden Triangle" with Pontresina and St Moritz as the centre of activity, especially for freight transport. The Albula Line, Lower Engadine Line and Bernina Line meet here, so that freight wagons must be shunted, and, in the past, the Bernina Express exchanged its electric engine for a dual-mode engine.

With the new bimodal freight handling centre Cho d'Punt, the highest in Europe (1705 m), all goods for St Moritz and the whole Upper Engadine are reloaded onto lorries already in Samedan, St Moritz train station is now transformed into a mere passenger station.

Regional trains from Samedan to Pontresina stop about halfway at Punt Muragl station. From there, a funicular takes you to the Muottas Muragl (2453 m), where you can enjoy a wonderful view of the lakes in the Upper Engadine and glaciers as far as the Piz Palü. Climate trail Muottas Muragl has 15 information panels about the consequences of global warming. At the mountain station, the Romantik Hotel Muottas Muragl is the first plus-energy hotel in the Alps, with rooms in typical Engadine arolla wood.

Exkurs
ST. MORITZ

St. Moritz/San Murezzan, dessen Ortsname auf den heiligen Mauritius zurückgeht, liegt im Westen des Oberengadins auf einer Höhe von 1822 m. Durch im Mittel 322 Sonnentage im Jahr ist der mondäne Ort der sonnigste der Schweiz. St. Moritz hat das Signet der Sonne mit seinem Namen als erster Ort weltweit urheberrechtlich schützen lassen und ziert sich mit dem Prädikat „Top of the World".
St. Moritz hat zwei wesentliche Ortsteile, St. Moritz Bad und St. Moritz Dorf, zwischen denen eine Busverbindung besteht.
Vom alten Ortskern steht im Wesentlichen nur noch der 33 m hohe, durch einen Kirchenabriss „schiefe" Turm (um 1139) mit einer dem Turm von Pisa ähnlichen Neigung von ungefähr 9,5°.
Schon in der Bronzezeit wurde die heilende Kraft der hiesigen Quellen bekannt. 1519 stellte Papst Leo X. den zu den Quellen wandernden Pilgern sogar Absolution in Aussicht. Kurz darauf bestätigte Paracelsus die positiven Auswirkungen einer Kur an diesem Ort.
St. Moritz wurde später zur Geburtsstätte des alpinen Wintertourismus. Ende des Sommers 1864 wettete der Hotelier Johannes Badrutt mit seinen

Der Bahnhof von St. Moritz mit den gelben offenen Aussichtswagen der Berninabahn im Vordergrund
The station of St Moritz with the yellow open panoramic carriages of the Bernina Railway in the foreground

Excursus
ST MORITZ

St Moritz (San Murezzan), whose place name goes back to the holy Mauritius (Maurice), lies in the west of the Upper Engadine at an altitude of 1822 m. With an average of 322 days of sunshine a year, the cosmopolitan town is the sunniest in Switzerland. St Moritz is the first place in the world to have the signet of the sun and its name protected by copyright, graced with the title "Top of the world".

St Moritz has two main districts, St Moritz Bad and St Moritz Dorf, connected by bus.

From the old centre is essentially only the 33 m-high tower (about 1139), "leaning" because of a church demolition, with an incline similar to the tower of Pisa of about 9.5°.

The healing power of the local springs was already known in the Bronze Age. In 1519, Pope Leo X even offered absolution to pilgrims who wandered to the springs. Shortly thereafter, Paracelsus confirmed the positive effects of a cure at this location.

St Moritz later became the birthplace of alpine winter tourism. At the end of summer 1864, the hotelier Johannes Badrutt bet his English guests (who

Abfahrtslauf im Skigebiet Corviglia-Marguns-Piz Nair von St. Moritz/Celerina
Downhill skiing in the Corviglia-Marguns-Piz Nair ski area of St Moritz / Celerina

Blick über den teils zugefrorenen St. Moritzersee auf das am Hang gelegene St. Moritz Dorf

englischen Gästen, die bis dahin nur im Sommer zum Bergsteigen gekommen waren, dass ihnen St. Moritz auch im Winter gefallen würde. Er gewann die Wette, und nicht nur Engländer mochten fortan Ski- und Schlittenfahrten im winterlichen St. Moritz. Durch die weite Champagna-Ebene und die optimale Südwest-Orientierung des Inntals bietet St. Moritz auch im Winter besonders viele Sonnenstunden.

Das Skigebiet Corviglia-Marguns-Piz Nair bei St. Moritz ist heute das Größte der Schweiz. St. Moritz war Austragungsort zweier olympischer Winterspiele (1928 und 1948) und von fünf Skiweltmeisterschaften. Auf dem Olympia-Bobrun lässt sich eine „Taxifahrt" mit dem Viererbob unternehmen. Besonders schön ist der kleinste der vier Seen der Engadiner Seenplatte, der vom Inn durchflossene St. Moritzersee, der im Winter zugefroren Sportveranstal-

View over the partly frozen Lake St Moritz onto the hillside St Moritz village

until then had only come mountaineering in the summer) that St Moritz would also appeal to them in winter. He won the bet and it was not only Englishmen who enjoyed skiing and sleigh rides in wintry St Moritz from then on. Due to the vast Campagna Plains and the optimal southwest orientation of the Inn Valley, St Moritz offers a particularly high number of hours of sunshine during the winter.

The ski resort Corviglia-Marguns-Piz Nair near St Moritz is today the largest in Switzerland. St Moritz was the venue for two Winter Olympics (1928 and 1948) and five World Ski Championships. On the Olympia Bobrun, one can take a "taxi ride" with a four-man bob. Especially beautiful is the smallest of the four lakes in the Engadine Lake District, Lake St Moritz, into which the Inn flows. Frozen in the winter, sporting events like polo, cricket and even

Exquisite Souvenirs lassen sich überwiegend in Nobelboutiquen an der Via Maistra oder an der Via Serlas (s. Taschenaufdruck) erwerben.
Exquisite souvenirs can be bought mainly in luxury boutiques on the Via Maistra or on the Via Serlas (see bag imprint).

tungen wie z.B. Polo, Kricket und sogar Pferderennen ermöglicht, und den man in rund 1,5 Stunden umrunden kann.
Das Zentrum des Ortes liegt am Hang oberhalb des Sees in St. Moritz Dorf, der Kurbetrieb konzentriert sich am Westufer des Sees in St. Moritz Bad.
St. Moritz verfügt mit fünf Luxushotels über die größte Dichte an Unterkünften der 5-Sterne-Klasse. Besonders auffällig ist das Badrutt's Palace Hotel mit seinem Turm. Dort beginnt der internationale Jetset seinen ausgiebigen Einkaufsbummel durch die zahlreichen luxuriösen Geschäfte.
Dem Museumsliebhaber sei zum einen das Engadiner Museum und zum anderen das Segantini Museum zu empfehlen. Der Mailänder Maler Giovanni Segantini lebte fünf Jahre bis zu seinem Lebensende in Maloja am Südwestende der Seenplatte und hat u.a. die Engadiner Landschaft mit ihrem legendären einzigartigen Licht auf seinen Gemälden verewigt. Auf dem Sentiero Segantini kann man den Spuren des Malers in und oberhalb von Maloja folgen. Kunstliebhaber aus aller Welt erfreuen sich zudem an dem Angebot zahlreicher internationaler Galerien.
Ausruhen lässt sich vortrefflich im Traditionscafé Hanselmann. Das Caféhaus mit einer 1985 restaurierten Sgraffiti-Fassade liegt neben dem St. Mauritius-Brunnen und offeriert neben St. Moritzer Sünneli die berühmte Engadiner Nusstorte, vielleicht schon bekannt aus dem Glacier Express.
In der Metzgerei Heuberger kann man ausgezeichnetes Bündnerfleisch erwerben. Die Trocknung von Bündnerfleisch zur Konservierung ist bereits seit 1770 bekannt. Die Zubereitung ist bis heute gleich geblieben, das Fleisch selbst stammt aber nicht mehr unbedingt aus der Schweiz, geschweige denn aus Graubünden.

Bündnerfleisch wie andere Wurstsorten warden im Trocknungsraum der St. Moritzer Metzgerei Heuberger haltbar gemacht.
Graubünden beef, like other types of sausage, is preserved in the drying room of the St. Moritz Heuberger butcher's shop.

horse racing are possible, and you can walk round the lake in about 1.5 hours.
The centre of the town is located on the hillside above the lake in St Moritz Dorf; the spa installations are concentrated on the west corner of the lake in St Moritz Bad.
In St Moritz there are five 5-star luxury hotels. The Badrutt's Palace Hotel is particularly striking with its tower. International jet-set begins its extensive shopping tour through the numerous luxury shops there.
For the museum enthusiast, the Engadiner Museum and the Segantini Museum are recommended. Milanese painter Giovanni Segantini spent five years to the end of his life in Maloja, on the southwestern end of the lake district, and has, among others, immortalised the Engadine landscape's legendary unique light in his paintings. On the Sentiero Segantini, you can follow in the footsteps of the painter in and above Maloja. People from all over the world who are interested in art also enjoy the numerous international galleries.
One can enjoy a superb rest at the traditional café Hanselmann. The coffee house, with its sgraffito façade, restored in 1985, is located next to the St Mauritius fountain and, in addition to St Moritz Sünneli, offers the famous Engadine nut cake, perhaps already well-known from the Glacier Express.
In the Heuberger butcher's shop, you can buy the excellent dried beef of Graubünden. The drying of Graubünden beef for preservation has been known about since 1770. Its preparation has remained the same until today, but the meat itself is no longer necessarily from Switzerland, much less Graubünden.

Ausflug von St. Moritz mit dem Bernina Express NACH ITALIEN

Der Bernina Express (BEX) ist wie der Glacier Express ein komfortabler Touristenzug, dessen Panoramawagen allerdings vollständig rot lackiert sind. Der ganzjährig täglich verkehrende Hauptzug und der saisonale Nachmittagszug befahren als einzige durchgehende Züge in etwas mehr als 4 Stunden ab Chur sowohl die Albula- als auch die Berninastrecke, die gemeinsam am 7. Juli 2008 von der UNESCO zum Weltkulturerbe erklärt wurden. Ein zweiter Bernina Express startet ebenfalls am Alpenrhein, aber nicht in Chur, sondern in Landquart, hält in Klosters und Davos und folgt dem Hauptzug ab Filisur im Abstand von etwas weniger als einer Stunde. Bis Samedan nutzen beide Züge vormittags dieselbe Strecke, die der Glacier Express am Nachmittag und Abend befährt. Sie lassen allerdings St. Moritz rechts liegen und nehmen im goldenen Dreieck ab Samedan die direkte Verbindung nach Pontresina, wodurch der Fahrtrichtungswechsel vermieden wird. Ebenfalls als Bernina Express werden zusätzliche, nur in der Saison verkehrende Panoramazüge bezeichnet, die in St. Moritz beginnen und erst in Pontresina auf die Route der Stammzüge treffen. Alle (im Sommer vier) Züge fahren in ungefähr vier Stunden über die einzigartige Berninabahn nach Tirano in Italien.

Die leichten Brücken auf der Berninabahn werden als "Wildwestbrücken" bezeichnet.

Excursion from St Moritz on the Bernina Express TO ITALY

The Bernina Express (BEX), like the Glacier Express, is a comfortable tourist train whose panorama carriages are painted completely red. The main train from Chur, which runs every day, and the seasonal afternoon train are the only through trains to run in just over 4 hours along both the Albula Line and the Bernina Line, which were together declared a UNESCO World Heritage Site on 7th July 2008. A second Bernina Express also starts at the Alpenrhein – not in Chur but in Landquart – stops in Klosters and Davos and follows the main train from Filisur at an interval of just under an hour. Both trains use the same route to Samedan in the morning as the Glacier Express in the afternoon and evening. However, they leave St Moritz to the right and take the direct connect to Pontresina in the Golden Triangle from Samedan, which avoids the change of direction. Only in season, additional panorama trains, which are called Bernina Express too, begin in St Moritz and only join the route of the main trains in Pontresina. All (four, in the summer) trains then travel via the unique Bernina Railway to Tirano in Italy in nearly four hours. This stretch is also operated electrically, but in contrast to the rest of the Rhaetian Railway's network, not with alternating current (11 kV/16.7 Hz)

The light bridges on the Bernina Railway are called „Wild West Bridges".

In der Montebello-Kurve hat man einen exzellenten, aber auch wehmütigen Blick auf den geschrumpften Morteratschgletscher.
In the Montebello curve you have an excellent but also wistful view of the shrunken Morteratsch Glacier.

Diese Strecke wird ebenfalls elektrisch betrieben, allerdings im Gegensatz zum restlichen Netz der Rhätischen Bahn nicht mit Wechselstrom (11 kV/16,7 Hz), sondern mit einem auf 1000 V gespannten Gleichstrom. Deshalb werden zumindest die beiden Hauptzüge mit Triebwagen des Typs Allegra bespannt, die beide Stromarten verarbeiten können.
Abgesehen von den reinen Bergbahnen ist die rund 60 km lange Berninabahn die höchst gelegene Bahnlinie der Alpen, die zudem noch in offener Linienführung ohne Scheiteltunnel ganzjährig betrieben wird. Ihre Züge müssen Steigungen bis zu 70 Promille überwinden, und einige Kurven haben einen Radius von lediglich 45 m.
Am Fußpunkt der Berninabahn in Pontresina (1774 m), in dessen Bahnhof der Wechsel des Stromsystems stattfindet, befindet sich auf dem Weg vom Bahnhof ins Dorf die 300 Jahre alte Steinbrücke Punt'Ota. Im Dorf erfreut der Anblick alter Engadinerhäuser. Oberhalb liegt die romanische Begräbniskirche St. Maria nahe bei dem fünfeckigen Spaniolaturm aus dem 13. Jahrhundert.
Ab Pontresina fährt der Bernina Express das Val Bernina hinauf. Insbesondere in der Montebello-Kurve, der einzigen Kehrschleife auf der Nordrampe, hat man zunächst aus dem rechten und nach der unteren Kehre aus dem linken Fenster einen einmaligen Blick auf den Morteratsch-Gletscher und das Berninamassiv. Bergsteiger mögen Gletscherpartien in dieser Gegend, vor allem von der Diavolezza (2973 m).
Nicht weit vom Bahnhof Morteratsch befindet sich die Alpschaukäserei Morteratsch. Hier werden u.a. Gletschermutschli und Alpziger beim Schaukäsen von Juni bis Oktober hergestellt. Ein Brunch am Vormittag oder ein Glacier-Käsefondue bzw. Raclette am Abend sind empfehlenswert.

Ein Regionalzug der Berninabahn hat die rätoromanisch-italienische Sprachgrenze zwischen dem Lej Nair (Schwarzer See) und dem Lago Bianco (Weißer See) überschritten.
A regional train of the Bernina Railway has just crossed the Romansh-Italian border between the Lej Nair (Black Lake) and Lake Bianco (White Lake).

but with a lower voltage of 1000 V direct current. Therefore, at least the two main trains are pulled by Allegra railway carriages, which can handle both types of electricity.

Apart from the pure mountain railways, the approximately 60 km-long Bernina Railway is the highest railway line in the Alps that is also operated in open lines without a summit tunnel all year round. Their trains have to overcome gradients of up to 70 per thousand, and some curves have a radius of only 45 m.
At the foot of the Bernina Railway in Pontresina (1774 m), in whose station the change of the electricity system takes place, on the way from the train station to the village, is the 300-year-old stone bridge Punt'Ota. The sight of old Engadine houses is pleasing. Above is the Romanesque Church of St Mary, near the pentagonal Spaniola Tower (from the 13th century).
From Pontresina, the Bernina Express goes up the Val Bernina. Especially in the Montebello Curve, the only sweeping loop on the northern ramp, you have a unique view of the Morteratsch Glacier and the Bernina Massif first from the right and then from the left window after the lower turn. Climbers like glacier climbs in this area, especially starting at the Diavolezza (2973 m).

Not far from Morteratsch station is the cheese dairy alpine show dairy Morteratsch. Here, among others, Gletschermutschli and Alpziger cheese types are produced at shows running from June to October. Brunch or a dinner of glacier cheese fondue or raclette are recommended.

Der BEX überquert den einmaligen Kreisviadukt von Brusio, das Wahrzeichen der Berninastrecke.

In ca. zwei Stunden kann man von Morteratsch zum heute noch ungefähr 6 km langen Morteratschgletscher mit einem kindgerechten Gletscherlehrpfad wandern.

Allmählich überschreiten wir die Baumgrenze und durchfahren die Stationen Bernina Diavolezza und Bernina Lagalb, die beide Ausgangspunkte von Seilbahnen sind, deren Bergstationen auf fast 3000 m beliebte Startpunkte für Skiabfahrten und Bergwanderungen sind

Im weiteren Verlauf wechselt der Zug zweimal die Talseite. Dabei überquert er jeweils den Berninabach auf kleinen Brücken, die wegen ihrer besonderen Bauart als „Wildwestbrücken“ bezeichnet werden.

Wenige Minuten später erreichen wir den Scheitelpunkt der Strecke im Bahnhof Ospizio Bernina auf einer Höhe von 2253 m ü. M. Hier oben schlängelt sich die Strecke am Ufer des Lago Bianco entlang. Vor dem See mit seiner 15 Meter hohen und 283 Meter langen Staumauer überquert der Bernina Express eine großräumige Wasserscheide. Nach Norden fließt das Wasser über die Donau ins Schwarze Meer, aus dem See selbst dagegen in den Po und damit in die Adria.

In dieser kargen, vollkommen baumlosen Landschaft verläuft die Strecke zum Schutz vor Schneeverwehungen in mehreren Kunstbauten. Hierzu gehören die Scala-Galerie (140 m), der Scala-Tunnel (192 m), die Sassal Mason-Galerie (348 m) und der 54 m lange Drago-Tunnel.

The BEX crosses the unique circular viaduct of Brusio, the landmark of the Bernina Line.

In about two hours, you can walk from Morteratsch to the approx. 6 km-long Morteratsch Glacier along a child-friendly glacier trail.

Gradually, we cross the tree line and pass through the stations Bernina Diavolezza and Bernina Lagalb, both of which are starting points for cable cars whose top stations are popular starting points for downhill skiing and mountain hiking at almost 3000 m.

Further along, the train changes sides in the valley twice. It crosses the Bernina brook on small bridges, which are called “Wildwestbrücken” (Wild West Bridges) because of their special design.

A few minutes later, we reach the summit of the track at Ospizio Bernina station at 2253 m above sea level. Up here, the track meanders along the shores of Lago Bianco (White Lake). In front of the lake, with its 15-metre-high and 283-metre-long dam, the Bernina Express crosses a large watershed. To the north, the water flows over the Danube into the Black Sea; from the lake itself, however, it flows into the Po and thus into the Adriatic Sea.

In this barren, completely treeless landscape, the route proceeds along several engineering structures that protect against snowdrifts. These include the Scala Gallery (140 m), the Scala Tunnel (192 m), the Sassal Mason Gallery (348 m) and the 54 m-long Drago Tunnel.

Hinter der Grüm-Galerie (Länge 264 m) erreichen wir den Bahnhof Alp Grüm, in dem einige Züge einen Aussichtshalt einlegen. Von hier oben hat man einen weiten Blick in das rund 1000 Meter tiefer liegende Puschlav, das wir nun mit einem Gefälle von 70 Promille über unzählige Kehrschleifen auf der hier in Serpentinen angelegten Berninabahn erreichen. Der Hauptort ist Poschiavo, dessen Bahnhof (1014 m) eine Betriebswerkstätte der RhB hat und als Betriebsmittelpunkt der Berninabahn gilt.

Der Hauptplatz Poschiavos (Piazza Communale/Plazza da Cumün) wird vom Casa Torre mit einem ehemaligen Wehrturm von 1548 überragt, welcher seit 1899 das Rathaus beherbergt. Der Hauptplatz ist umgeben von alten Palazzi und Hotels, welche restauriert werden mussten, nachdem der Poschiavino 1987 über die Ufer getreten war und sich eine Schlammlawine durch die Stadt gewälzt hatte, sowie von Straßencafés italienischer Art. Am südlichen Ende des Hauptplatzes befindet sich die Kirche San Vittorre Mauro (16. Jh.) mit einem schlanken Glockenturm. Ebenfalls schön ist das Spaniolenviertel mit Palazzi aus dem 19. Jahrhundert, welche von Bürgern, die nach Venedig und Spanien ausgewandert waren, dort als Zuckerbäcker gearbeitet hatten und reich zurückgewandert waren, erbaut wurden.

Nun folgen wir dem Tal der hier noch sehr schmalen Adda, wo sich auf beiden Seiten Paläste aus dem 15. bis 17. Jahrhundert zeigen. Entlang des Lago di Poschiavo, auf einem der wenigen eben trassierten Abschnitten der Berninabahn, erreichen wir den letzten trassierungstechnischen Höhepunkt der Berninabahn. Auf dem 107 Meter langen Kreisviadukt von Brusio durchfährt der Zug eine 360°-Kurve mit einem Radius von 50 bis 70 Metern. Die Linien-

With the Grüm Gallery (length: 264 m) behind us, we reach the station of Alp Grüm, where some trains stop for a look around. From here, you have a wide view of Val Poschiavo, which lies approximately 1000 metres below and which we now, on this serpentine section of the Bernina Railway, reach at a gradient of 70 per thousand over countless reverse loops. The main town is Poschiavo, whose station (1014 m) has an RhB operating workshop, which is considered the centre of operations of the Bernina Railway.
The main square in Poschiavo (Piazza Communale/Plazza da Cumün) is dominated by the Casa Torre with a former defence tower from 1548, which has accommodated the Town Hall since 1899. The main square is surrounded by old palazzi and hotels, which had to be restored after the Poschiavino River burst its banks in 1987 and a mudslide had churned through the city, as well as Italian-style pavement cafés. At the southern end of the main square is the Church of San Vittorre Mauro (16th century) with a slim belfry. The Spanish Quarter is also nice, with palazzi built in the 19th century by citizens who had emigrated to Venice and Spain, where they had worked as confectioners and then re-immigrated as rich men.

Now we follow the valley of the still very narrow River Adda, where on both sides, palaces from the 15th to the 17th century are gathered. Along the Lago di Poschiavo, on one of the few sections of the Bernina Line that are plane, we reach the final technical highlight of the Bernina Railway. On the 107-metre-long circular viaduct of Brusio, the train passes through a 360° bend with a radius of 50 to 70 metres. The line is similar to a spiral tunnel

In der Alp-Schaukäserei in Morteratsch lassen sich die Gäste in der Vorweihnachtszeit ein Raclette schmecken
In the Alpine show dairy in Morteratsch, guests can enjoy a raclette before Christmas

Die Wallfahrtskirche von Tirano, Santuario Della Madonna
The Basilica of Tirano, Santuario Della Madonna

führung ähnelt einem Spiraltunnel, befindet sich aber vollständig im Freien. Direkt hinter der Staatsgrenze erreichen wir die italienische Stadt Tirano, wo der Zug ähnlich wie bereits zuvor in Le Prese auf einer straßenbahnähnlichen Trasse den Hauptplatz überquert und den Bahnhof erreicht. In Tirano (429 m) muss man die Wallfahrtskirche Santuario Della Madonna (1505–1511) in der hübschen Altstadt besuchen.
Von Tirano aus gelangt man mit italienischen Normalspurzügen in 2½ Stunden nach Mailand.
Auf der Berninabahn verkehren neben den Express-Zügen auch Regionalzüge weitgehend im Stundentakt, die aus konventionellem Wagenmaterial bestehen und zum Teil noch von den Ende der 1980er Jahre gebauten Triebwagen ABe $4/4^{III}$ gezogen werden. Interessant ist die Auslastung der Personenzüge mit Güterwagen bis zu einer Grenzlast von 140 t bei Doppeltraktion. Befördert wird insbesondere Öl aus Italien und Holz in die Gegenrichtung, aber auch die Versorgung von Poschiavo erfolgt zu einem großen Teil über die Schiene.
Als eine echte Alternative zu den komfortablen und klimatisierten Panoramawagen des Bernina Express kann die Fahrt über den Berninapass auch in offenen Aussichtswagen zurückgelegt werden, die (allerdings nur im Hochsommer) einigen Regionalzügen beigestellt sind.

NACHWORT

Mit der Inbetriebnahme des Glacier Express zwischen Zermatt und St. Moritz am 25.6.1930 begann seine nunmehr über 90-jährige Erfolgsgeschichte mit einer zunächst 11-stündigen Fahrtdauer und einer monatelangen Betriebspause im Winter.
Die seit 1982 fast ganzjährige, heutzutage nur noch acht Stunden dauernde Reise in den modernen und komfortablen Panoramawagen des GEX ist technisch, landschaftlich und kulturell eine Bahnfahrt der Superlative.
Dieser Reiseführer möge Ihnen bei der einzigartigen Reise im „langsamsten Schnellzug der Welt“ zur Vorbereitung, als Begleitung und zur Erinnerung dienen.

but is completely outdoors. Straight after the state border, we reach the Italian town of Tirano, where the train crosses the main square and reaches the station, as it did in Le Prese on a tramway-like route. In Tirano (429 m), one has to visit the Santuario Della Madonna (1505–1511) in the pretty old town.

From Tirano, you can get to Milan in 2½ hours by standard gauge Italian trains.
In addition to the express trains, regional trains also run on the Bernina Line on an hourly basis, which consist of conventional waggon material and are still partly towed by the ABe $4/4^{III}$ railway carriages built at the end of the 1980s. Utilising passenger trains with freight cars up to a maximum load of 140 t with double traction is interesting. In particular, oil is transported from Italy and wood in the opposite direction. But supplying Poschiavo is also largely carried out by rail.

As a real alternative to the comfortable and air-conditioned panoramic carriages of the Bernina Express, the journey over the Bernina Pass can also be covered in open observation carriages, which (though only in the middle of summer) are provided on some regional trains.

EPILOGUE

The success story spanning more than 90 years of the Glacier Express between Zermatt and St Moritz began in 1930 on June 25th. Initially the journey lasted 11 hours and in winter the service was interrupted for several months.
Since 1982 the trains are in service all year round and the journey lasts only eight hours. In the modern panorama wagons of the GEX this rail journey has reached new heights offering technical and cultural experiences with sensational sights.
This travel guide can prepare you for your unique journey in the „slowest express train in the world", keep you company on your trip and turn into a treasured memory.

Bildnachweis

Alle Fotografien stammen von Mirko Milovanovic, außer:
S. 15 Bildagentur Look, München (I. Kürschner); S. 21 Bruno Hitz, CH-Oberrieden; S. 25 huber-images.de/Huber Hans-Peter; S. 26/27 huber-images.de/Gerth Andreas; S. 38 und 39 Vally Gohl; S. 55 Hermes Images/Tips Images; S. 59 huber-images.de/Ripani Massimo; S. 60 huber-images.de/Gräfehain; S. 62 huber-images.de/Gräfehain; S. 68 huber-images.de/Eisele-Hein; S. 73 Bildagentur Look, München (Thomas Stankiewicz); S. 74/75 Bildagentur Look, München (Daniel Schoenen); S. 84 picture-alliance/dpa, Gregory Yetchmenzia; S. 90 huber-images.de/Gräfehain; S. 106 huber-images.de/Schmid Reinhard; S. 108, 109 und 127 Rhätische Bahn/Tibert Keller; S. 145 huber-images.de/Sonderegger Christof; S. 148 huber-images.de/Kremer Susanne; S. 150/151 Rhätische Bahn/Marcel Hoffmann;

Impressum

Verantwortlich: Jerome P. Schäfer
Satz: Buchflink, Nördlingen
Repro: LUDWIG:media
Korrektorat: Mareike Weber
Umschlaggestaltung: Alexander Mück
Herstellung: Julia Hegele
Printed in Poland by CGS Printing

Bildnachweis Umschlag:
Mirko Milovanovic

Die Deutsche Nationalbibliothek verzeichnet diese Publikation in der Deutschen Nationalbibliografie; detaillierte bibliografische Daten sind im Internet über http://dnb.d-nb.de abrufbar.

2. Auflage 2020

Infanteriestraße 11a, 80797 München
ISBN 978-3-95613-114-1